Jeder ist käuflich

A2/B1

Von Volker Borbein und Marie-Claire Lohéac-Wieders
Illustriert von Detlef Surrey

Cornelsen

Jeder ist käuflich

Volker Borbein und Marie-Claire Lohéac-Wieders
mit Illustrationen von Detlef Surrey

Lektorat: Pierre Le Borgne
Layout: Annika Preyhs für Buchgestaltung+
Technische Umsetzung: Klein & Halm Grafikdesign, Berlin
Umschlaggestaltung: Ungermeyer, grafische Angelegenheiten
Umschlagfoto: Shutterstock/© isak55

www.cornelsen.de

1. Auflage, 1. Druck 2016

Druck: H. Heenemann, Berlin

ISBN 978-3-06-120746-5

PEFC
PEFC/04-31-1156

PEFC zertifiziert
Dieses Produkt stammt aus nachhaltig bewirtschafteten Wäldern und kontrollierten Quellen.

www.pefc.de

Inhalt

Sie können diese spannende Geschichte auch über einen MP3-Player zu Hause, bei einer Auto-, Zug- oder Busfahrt anhören und genießen. (www.cornelsen.de/daf-bibliothek/audios)

Personen

Petra von der Aue weiß nicht mehr weiter. Was ist mit ihrem Mann los? Liebt er eine andere? Ist seine politische Karriere in Gefahr? Petra von der Aue bittet Privatdetektiv Patrick Reich um Hilfe. Er entdeckt ein Geheimnis.

Die Hauptpersonen dieser Geschichte sind:

Jürgen von der Aue
Konservativer Politiker.
Er will ganz nach oben.

Petra von der Aue
Sie hat Angst,
ihren Mann zu verlieren.

Johannes Burg
Er steht in Konkurrenz
zu Jürgen von der Aue
und handelt auch so.

Maria Burg
Ehefrau von Johannes Burg.
Sie hat eine heimliche Affäre.

Andreas Kreuz
Bruder von Maria Burg.
Was weiß er über Jürgen
von der Aue?

Konrad Wegschneider
Radfahrer

Beate Selich
Freundin von Petra von der Aue.

Richard Tauber
Kriminalhauptkommissar.
Freund von Patrick Reich.

Patrick Reich
Privatdetektiv

Constanze Zeigen
Lebensgefährtin von
Patrick Reich.

Ort und Zeit der Handlung: Kassel, im August

Kapitel | 1

12. August

Petra von der Aue guckt auf die Küchenuhr. Es ist 21.30 Uhr, als sie ein Geräusch hört. Ihr Mann kommt nach Hause. Endlich! Sie freut sich. Sie haben sich den ganzen Tag noch nicht gesehen. Ihr Mann ist früh aufgestanden. Er ist Politiker. Sie teilt mit Enthusiasmus seine politischen Ideen. Beide kommen aus einem konservativen Elternhaus. Und er sieht immer noch sehr gut aus: groß, blonde Haare, und besonders gefallen Petra seine grünen Augen.
Heute ist ihr achter Hochzeitstag. Deshalb hat Petra ein Festessen vorbereitet und den Tisch im Esszimmer festlich gedeckt. Sie freut sich riesig. Ob ihr Mann ein Geschenk mitgebracht hat? Vielleicht das Armband, das sie im Juweliergeschäft in der Oberen Königstraße[1] gesehen haben? Oder die Ohrringe aus der Wilhelmstraße[2]? Das Geschenk für ihn, eine Taschenuhr, hat sie in der Serviette auf dem Teller versteckt[3].
Jürgen von der Aue geht direkt in sein Arbeitszimmer, ohne seine Frau zu begrüßen. Ein gutes Zeichen. Er holt bestimmt das Geschenk. Jeden Moment muss die Tür aufgehen. Sie wartet. Nichts. Sie wird unruhig. Findet er das Geschenk nicht? Was ist los?

1 Geschäftsstraße in der Innenstadt: *www.kassel.de*
2 Geschäftsstraße in der Innenstadt: *www.kassel.de*
3 nicht zeigen

Petra geht leise zum Arbeitszimmer. Die Tür ist geschlossen. Sie hört, dass ihr Mann telefoniert. Er spricht leise. „Hör mir genau zu ... Nein, jetzt nicht ... Ich bin zu Hause ... Ich melde mich morgen von meinem Büro aus. Dann können wir offen reden ... Ich dich auch.“ Petra hört, wie er den Hörer auflegt. Sie geht schnell in die Küche zurück. Ihr ist plötzlich schlecht.

In den letzten Wochen hat er sich sehr merkwürdig[4] verhalten. Mal war er fröhlich, mal war er traurig. Jeden Tag ging er immer früher aus dem Haus und kam immer später zurück. Petra hatte mehrere Male versucht, mit ihm darüber zu sprechen. Ohne Erfolg.

Bis vor Kurzem hatten sie immer über alles miteinander gesprochen: über Zukunft, Träume, Kinder und Karriere. Sie wohnen in einer Villa in der Brabanter Straße[5]. Die Villa ist schön, doch Petra von der Aue fühlt sich hier im Moment nicht wohl. Das Haus ist kalt und sie und Jürgen lachen nicht mehr zusammen. Bis vor Kurzem war er pünktlich und brachte Blumen mit. Hat er ihr heute zum Hochzeitstag rote Rosen mitgebracht? Petra liebt ihn, doch liebt Jürgen auch sie? Sie weiß es nicht. Es wird bestimmt ein schöner Abend. Entschlossen atmet sie aus. Die Küchentür öffnet sich:

„Ich bin's“, sagt er. Das sagt er immer, wenn er nach Hause kommt.

4 seltsam
5 Straße im Ortsteil Wilhelmshöhe

Kapitel | 2

13. August

„Das ist lieb von dir, dass du dir Zeit für mich nimmst."

„Das ist doch selbstverständlich", sagt Beate Selich[6] zu ihrer Freundin Petra.

„Wozu sind denn Freundinnen da? Deine Stimme klang am Telefon sehr aufgeregt. Was ist passiert? Aber bevor du erzählst, möchtest du einen Kaffee?"

„Gerne", antwortet Petra leise.

Während Beate in der Küche den Kaffee vorbereitet, versucht Petra ihre Gedanken zu ordnen. Sie denkt zurück an die Begegnung mit Jürgen. Es war Liebe auf den ersten Blick. Sie mieteten eine kleine, preiswerte Wohnung. Von ihren

6 *siehe:* „Tatort: Krankenhaus"; *www.cornelsen.de/daf-bibliothek*

Eltern wollten sie nichts geschenkt haben. Sie wollten ihren eigenen Weg gehen.
Jürgen war ehrgeizig[7]. Er wollte Karriere machen. Er arbeitete hart. Petra begleitete ihn oft zu politischen Veranstaltungen. Sie waren ein attraktives Paar, das überall gern gesehen wurde. Jürgen hat es schon weit gebracht. Obwohl er erst zweiunddreißig Jahre alt ist, wurde er vor einem Jahr zum Parteivorsitzenden gewählt. Damit gibt er sich aber nicht zufrieden. Er hat größere Pläne. Berlin winkt. Vor vier Jahren zogen sie von der Nordstadt in ihre neue Wohnung in der Brabanter Straße. Sie hatten es geschafft. Die wenige freie Zeit, die sie hatten, verbrachten sie mit Spaziergängen in der Karlsaue[8] und in dem wunderschönen Bergpark Wilhelmshöhe[9].
Petra merkt gar nicht, dass ihre Freundin ins Wohnzimmer zurückgekommen ist und die Kaffeekanne auf den Tisch gestellt hat.

„Milch?"

„Wie bitte? Ach so, entschuldige, Beate. Ich war ganz in Gedanken."

„Macht nichts. Was ist los?" Beate gießt etwas Milch in den Kaffee.

„Irgendetwas stimmt nicht mit Jürgen. Er benimmt sich[10] seit einigen Wochen mehr als seltsam. Wir reden kaum miteinander. Wenn ich ihm Fragen stelle, weicht er mir aus[11]. Früher, das heißt bis vor etwa fünf Wochen, war er die

7 Erfolg wollen
8 Staatspark, Barockpark in der Nähe der Innenstadt
9 größter Bergpark Europas: *www.kassel.de*
10 sich verhalten
11 aus dem Weg gehen; eine Frage nicht beantworten wollen

Liebenswürdigkeit[12] in Person. Er war mir gegenüber aufmerksam. Und dann, mit einem Mal, war er anders. Du weißt ja, dass Jürgen vor einem Jahr Geschäftsführer einer großen Autofirma geworden ist. Das Geschäft läuft zurzeit nicht so gut wie gewohnt. Das hat wohl auch mit der komplizierten wirtschaftlichen Situation zu tun. Es könnte sein, dass die Schwierigkeiten größer sind, als Jürgen glauben möchte."
Petra trinkt einen Schluck Kaffee.

„Selbst wenn es Schwierigkeiten in der Firma gibt, das erklärt doch nicht das Verhalten deines Mannes."

„Du hast Recht, Beate. Dann gibt es eigentlich nur noch zwei Möglichkeiten. Entweder läuft etwas mit seiner politischen Karriere schief oder ..." Petra sieht Beate an. „Du weißt, woran ich denke?"

„Das muss aber nicht sein, Petra."

„Was denn sonst? Jürgen hat eine Geliebte, mit der er sich heimlich[13] trifft. Ja, so muss es sein. Ich habe deutlich gehört, wie er am Telefon sagte: Ich dich auch. Was meinst du wohl, in welcher Situation man so was sagt." Beate rückt näher zu Petra.

„Petra, ich sehe, wie du dich kaputt machst mit all den Fragen, die du dir stellst. Ich rate dir dringend, einen Privatdetektiv zu engagieren. So kannst du nicht weiterleben. Ich kenne einen, der sehr gut ist. Er heißt Patrick Reich. Warte einen Augenblick, ich hole seine Telefonnummer."

12 besonders freundlich sein
13 *Gegenteil:* öffentlich

Kapitel | 3

14. August

Am nächsten Tag macht sich Petra auf den Weg zum Büro des Privatdetektivs. Petra ist an diesem Tag zu aufgeregt, um mit ihrem Auto zu fahren. Sie steigt an der Haltestelle Kurhaustraße in die Straßenbahn 3, Richtung Ihringshäuser Straße. Die Straßenbahn ist fast leer. Sie fährt durch die Landgraf-Karl-Straße, biegt dann in die Wilhelmshöher Allee[14] ein. Vom Intercity-Bahnhof sind es dann noch sechs Haltestellen bis zum Rathaus. Dort steigt Petra aus.

Privatdetektiv Patrick Reich hat sein Büro im Viktoria-Hochhaus[15] an der Ecke Fünffensterstraße – Obere Königstraße.

14 längste Straße in Kassel. Sie geht vom Park in die Innenstadt.
15 großes Bürogebäude in der Innenstadt

Sein Büro spiegelt die Person des Detektivs wider: einfach und praktisch mit einer persönlichen Note, Poster von Max und Moritz[16] in Übergröße. Patrick, ein zweiunddreißigjähriger fröhlicher Mann betrachtet Petra mit seinen grünblauen Augen. Sie bewundert seinen Schnurrbart[17] und seine Fliege[18]. Sie ist auffällig rot.

„Guten Tag, Frau von der Aue. Beate hat mir schon einiges erzählt. Bitte, nehmen Sie Platz."

Petra setzt sich.

„Also, es geht um ..."

„Moment bitte. Ich stecke mir eine Zigarette in den Mund, weil ich nicht mehr rauche. Verstehen Sie?"

„Überhaupt nicht", antwortet Petra.

„Ich möchte mir das Rauchen abgewöhnen[19], wegen Constanze, meiner Freundin. Deshalb zünde ich sie nicht an, sondern tue nur so als ob!"

„Verstehe", sagt Petra, die gerade nichts versteht. Sie fängt an zu erzählen. Er hört ihr aufmerksam zu.

„So wie ich die Lage sehe", sagt Patrick Reich, „scheint sich Ihr Mann in einer delikaten Situation zu befinden. Einiges spricht dafür, dass er in seiner Firma Probleme hat. Und wir dürfen die Partei nicht ganz vergessen. Besonders jetzt, wo die Kandidaten für den Bundestag gewählt werden. Sie wissen ja selbst, welche Intrigen es gibt."

„Nein, an Intrigen glaube ich nicht. Ich habe ja auch meine Freundinnen in der Partei." Petra lächelt.

16 witzige Figuren des Zeichners und Dichters Wilhelm Busch (1852–1908)
17 Haare über der oberen Lippe
18 eine Art Krawatte
19 aufgeben; etwas nicht mehr machen wollen

„Liebe Frau von der Aue, es könnte natürlich sein, dass, wie soll ich sagen, eine andere Frau im Leben Ihres Mannes eine Rolle spielt. Eine Frau könnte der Grund für die Veränderungen im Verhalten Ihres Mannes sein. Haben Sie irgendwelche Beobachtungen gemacht? Überlegen Sie genau. Jedes Detail ist wichtig."

Patrick prüft, ob seine Fliege richtig sitzt. Perfekt. Er verschränkt die Arme hinter seinem Kopf. Ein Tick, wenn er nachdenkt.

„Nein. Das heißt doch. In einem Telefongespräch sagte er zum Schluss: „Ich dich auch." Aber ehrlich gesagt, ich kann mir nicht vorstellen, dass eine andere Frau im Spiel ist. Es muss einen anderen Grund geben."

„Gut. Dann bleibt nichts anderes übrig, als Ihren Mann zu beobachten."

„Brauchen Sie ein Foto von meinem Mann?"

„Nein, das ist nicht nötig. Er steht ja oft genug in der Zeitung. Und ich glaube, ich habe Sie beide schon im Park Wilhelmshöhe gesehen. Kann das sein?"

„Ja. Bitte tun Sie Ihr Möglichstes. Informieren Sie mich bitte sofort, wenn Sie etwas herausgefunden haben."

Patrick Reich begleitet Frau von der Aue zur Tür.

„Machen Sie sich keine Sorgen. Bald werden wir mehr wissen. Ich rufe Sie an."

Kapitel | 4

15. August

Privatdetektiv Patrick Reich wartet seit mehr als einer Stunde in der Tiefgarage am Friedrichsplatz[20] auf Jürgen von der Aue. Es ist 18.30 Uhr. Patrick liebt seinen Beruf. Nur eines fällt ihm sehr schwer: das Warten. Patrick nimmt ein Buch aus dem Handschuhfach. Er blättert darin herum. Ab und zu legt er es beiseite. Er blickt um sich. Nein, es tut sich nichts. Der BMW steht am selben Platz. Patrick hat so geparkt, dass er jederzeit Jürgen von der Aue nachfahren kann. Der Detektiv erinnert sich an einen Fall, es ging um Erpressung[21], bei dem er mit seinem Auto in der falschen Richtung stand.

20 einer der größten städtischen Plätze in Deutschland
21 jemanden zwingen, Geld zu geben oder etwas zu tun

Ein Fehler mit fatalen Folgen. Diesen Fehler macht er kein zweites Mal.
Seit Wochen hat es nicht geregnet. Kassel leidet unter der großen Hitze. So heiß war es im August schon lange nicht mehr. Die Luft in der Tiefgarage war noch nie gut, heute ist sie unerträglich. Patrick sucht im Radio den Deutschlandfunk, seinen Lieblingssender. Es kommen nur unverständliche Laute. Klar! Tiefgarage! Gut kombiniert, Herr Detektiv! Gerade als er eine CD einlegen will, kommt Jürgen von der Aue. Er steigt in sein Auto und fährt los. Patrick Reich folgt ihm. Jürgen von der Aue nimmt die Ausfahrt Steinweg[22] und biegt sofort rechts ab in die Straße Zur Karlsaue. Er kommt vorbei an der Orangerie[23], für Sekunden ist der Blick frei auf die Karlsaue. Was für ein Park!
Jürgen von der Aue fährt an der Fulda[24] entlang. Bäume und Häuser spiegeln sich im Wasser. Jürgen von der Aue fährt langsamer. Er sucht einen Parkplatz. Er hält an und steigt aus. Er geht über die Straße in die Gaststätte „Zur Schwimmbadbrücke“[25].
Der Privatdetektiv folgt ihm. In der Gaststätte ist nichts los. Es ist zu warm, um sich in geschlossenen Räumen aufzuhalten. Jürgen von der Aue geht auf die Terrasse, wo Gäste kühle Getränke trinken. Einige essen trotz der Hitze die Spezialität des Hauses: Schnitzel mit Bratkartoffeln.

22 Straße am Staatstheater
23 Museum für Astronomie und Technikgeschichte mit Planetarium: *www.museum-kassel.de*
24 Fluss
25 Gaststätte an der Fulda gelegen, in der Nähe des Freibades „Aue-Bad“

Jürgen von der Aue blickt um sich und geht zu einem Tisch, an dem eine attraktive Frau sitzt. Sie trägt ein sportliches Sommerkleid und einen Strohhut. Jürgen von der Aue umarmt sie kurz und setzt sich ihr gegenüber. Die Frau berührt die Hände von Jürgen. Sie sieht glücklich aus.

Kapitel | 5

15. August

Der Blick von der Terrasse auf die Fulda ist schön. Ein angenehm kühler Wind erfrischt die Gäste. Vögel erfreuen sich an Speiseresten. Aus dem Schwimmbad, das ein paar hundert Meter weit entfernt ist, hört man das Lachen von Badegästen.

Patrick Reich ist es gelungen, in der Nähe von Jürgen von der Aue Platz zu nehmen. Er bestellt einen Apfelsaft. Wenn er arbeitet, trinkt er keinen Alkohol. Er würde gerne etwas essen, aber er weiß nicht, ob die Zeit dafür reicht. Er beobachtet das Paar. Er versucht zu verstehen, was die beiden sagen. Ohne Erfolg. Er tut so, als ob er telefoniert. Er fotografiert mit seinem Handy Jürgen von der Aue mit der Frau. Mehr kann er im Moment nicht tun. Er schaut wieder in

Richtung Fulda. Patrick genießt die Atmosphäre um sich herum. Er bestellt einen zweiten Apfelsaft.

Plötzlich wird die Unterhaltung zwischen von der Aue und der Frau mit dem Strohhut lauter. Patrick konzentriert sich. Jetzt kann er einige Sätze verstehen.

„Du weißt genau, dass die Situation für mich nicht einfach ist!", hört er den jungen Politiker und Geschäftsmann sagen. „Immer wieder muss ich an den 26. Juli denken. Der Tag geht mir nicht aus dem Kopf. Besonders schlimm ist es nachts. Ich kann nicht mehr richtig schlafen. Ich habe Albträume[26]."

Jürgen von der Aue schweigt. Er wischt mit einem Taschentuch Schweiß von seiner Stirn. Patrick überlegt, was das alles zu bedeuten hat. Könnte es sein, dass ...? Er wird in seinen Gedanken unterbrochen.

„Du musst mir mehr Zeit lassen, alles zu regeln. Bitte denke auch an meine Karriere." Die Stimme von Jürgen ist leiser geworden, fast müde. Die Frau redet auf ihn ein[27]. Dabei fasst sie die Hände von Jürgen an.

„Nein und nochmals nein. Ich lasse mich nicht von dir unter Druck setzen[28], erpressen schon gar nicht!", sagt Jürgen von der Aue mit fester Stimme. „Mit Gewalt erreichst du nichts bei mir."

Die Frau wird weiß im Gesicht. Sie schaut Jürgen an, aber sie sieht ihn nicht. Auf einmal sieht sie älter aus als sie wirklich ist. Er steht auf, legt Geld auf den Tisch und verlässt die Gaststätte. Allein.

Patrick Reich, Privatdetektiv, folgt ihm. Es ist 20.30 Uhr. Die Sonne färbt den Himmel rot.

26 schlechter Traum
27 längere Zeit intensiv mit einer Person sprechen
28 jemanden zwingen, etwas zu tun

Kapitel | 6

16. August

„Guten Morgen, Frau von der Aue. Ich glaube, ich kann Ihnen erste Ergebnisse mitteilen. Ich habe allerdings auch ein paar Fragen an Sie. Ist es Ihnen möglich zu mir zu kommen? Passt Ihnen 11 Uhr?"

Frau von der Aue denkt nicht lange nach. Sie ist aufgeregt. Am liebsten würde sie sofort die paar hundert Meter bis zur Wohnung des Detektivs laufen. Sie versucht ruhig zu bleiben.

„In Ordnung, 11 Uhr. Können Sie mir jetzt schon was sagen?", fragt sie ungeduldig.

„Es ist besser, wir reden über alles bei mir zu Hause. Bis nachher!"

Zwei Stunden später trifft Frau von der Aue bei Patrick Reich ein. Der Privatdetektiv zeigt Frau von der Aue die Fotos, die er am Tag zuvor gemacht und auf den Computer überspielt hat.

„Erkennen Sie jemanden auf den Fotos?"

„Ja, eindeutig. Da ist mein Mann und die Frau gegenüber heißt Maria Burg. Sie ist die Frau des Stellvertreters meines Mannes. Was hat sie mit meinem Mann zu tun? Mir ist aber noch was aufgefallen. Könnte ich bitte das vierte Foto noch einmal sehen?"

„Ja, gern."

„Stopp. Vergrößern Sie bitte das Foto. Den Mann, der am Tisch hinter Frau Burg sitzt, habe ich schon gesehen. Wann und wo war das nur? Lassen Sie mich nachdenken. Ich komme gleich drauf. Ja, ich hab's. Das ist der Bruder von Frau Burg. Er heißt Andreas Kreuz. Ein unangenehmer Typ. Vor drei Jahren hätte es fast einen Skandal gegeben ... eine Korruptionsaffäre ... es ging um Immobilien. Erpressung war im Spiel. Merkwürdig. Mein Mann, Frau Burg und ihr Bruder sind zur gleichen Zeit am selben Ort. Warum hat mir Jürgen nichts von dem Treffen erzählt? Warum trifft er sich heimlich mit dieser Frau? Kommt er ihretwegen abends spät nach Hause? Herr Reich, was hat das alles zu bedeuten?"

Frau von der Aue beginnt leise zu weinen. Der Privatdetektiv sieht aus dem Fenster. Welche Antworten soll er Frau von der Aue geben?

Kapitel | 7

20. August

Hand in Hand gehen Constanze Zeigen und Patrick Reich im Park Wilhelmshöhe spazieren. Patrick hat Constanze in einem Französischkurs an der Volkshochschule kennengelernt. Aus der Liebe zur französischen Sprache wurde die Liebe zwischen Patrick und Constanze.
Vor dem Gewächshaus[29] bleiben beide stehen. Sie atmen tief durch. Sie genießen den Duft der Blumen. Die letzten Sonnenstrahlen erleuchten das Gewächshaus. Die Konstruktion aus Glas und Stahl sieht modern aus. Constanze nimmt ihren Zeichenblock. Zeichnen ist ihre große Leidenschaft. Immer, wenn sich die Gelegenheit ergibt, zeichnet

29 Gebäude für Blumen und Pflanzen; eine der ersten Konstruktionen aus Stahl und Glas in Deutschland

sie. Manchmal macht sie in Gerichtsverhandlungen für eine Zeitung Skizzen von Richtern, Staatsanwälten, Angeklagten und Zeugen.

Constanze und Patrick gehen nach einigen Minuten weiter. Vor dem Schlossteich[30] setzen sie sich auf eine Bank. Was für ein Blick! Zur linken Seite liegt die Löwenburg[31], zur rechten Seite der Aquädukt[32] und vor ihnen der Herkules[33]. Patrick denkt laut nach. Das tut er, wenn er sich intensiv mit einem Fall beschäftigt, auch beim Spazierengehen. Vielleicht erwartet er Hilfe von seiner Freundin.

„Jürgen von der Aue trifft sich heimlich mit der Frau seines Stellvertreters. Es sieht so aus, als ob sich beide gut kennen, sehr gut kennen. Sie küssen sich. Genauer: Sie küsst ihn. Das ist ungewöhnlich, er ist zweiunddreißig Jahre jung, Maria Burg ist achtundvierzig Jahre alt. Eine ungewöhnliche Beziehung."

„Wirklich?", fragt Constanze ihren Freund. „Du bist schließlich auch einige Jahre älter als ich. Zehn Jahre."

„Das kannst du nicht vergleichen, mein Schatz." Patrick küsst seine Freundin.

„Komm, lass uns nach Hause gehen."

„Zu dir oder zu mir?", fragt Constanze. Patrick antwortet nicht. Er ist in Gedanken.

„Ich weiß nicht", sagt Patrick nach einer Weile. „Irgendwas stimmt nicht im Verhalten von Jürgen von der Aue

30 kleiner Teich hinter dem Schloss
31 romantische Ritterburg und Museum (1717–1780): *www.stadt-kassel.de*
32 *www.stadt-kassel.de*
33 Wahrzeichen von Kassel, einmaliges Panorama: *www.stadt-kassel.de*

und Maria Burg. Von der Aue ist zwar noch jung, aber dennoch sehr konservativ. Gerade jetzt im Wahlkampf ist seine wichtigste Parole die Familie. Er tritt für die Familie ein, für Traditionen. Constanze, verstehst du, was ich damit sagen will?" Sie nickt. „Warum hat von der Aue in der Gaststätte gesagt: Ich lasse mich nicht von dir unter Druck setzen. Das Rendezvous war mehr als merkwürdig. Weißt du, was ich glaube, Constanze?"

„Nein, aber du wirst es mir gleich sagen."

Patrick bleibt stehen. Er sieht nicht die Rosen, die links und rechts blühen.

„Ich glaube, Maria Burg hat Jürgen von der Aue irgendwie in der Hand!"

Kapitel | 8

28. August – vormittags

„Petra von der Aue. Guten Morgen. Ist Herr Reich da?" Petra klingt aufgeregt.

„Nein, im Moment nicht. Soll ich ihm eine Nachricht hinterlassen[34]?"

„Ja. Sagen Sie ihm, ich habe einen Brief gefunden. Es ist wichtig. Kann ich Herrn Reich um 12 Uhr in seinem Büro treffen?"

„Ja, das geht in Ordnung."

„Vielen Dank. Mit wem habe ich gesprochen?"

„Mit Constanze Zeigen. Auf Wiederhören."

34 eine schriftliche Information zurücklassen

Constanze legt den Zettel[35] mit der Nachricht auf den Küchentisch. Leise zieht sie sich an. Sie möchte Patrick nicht wecken.

Patrick wacht auf. Das Bett neben ihm ist leer. Er sieht auf die Uhr: 10.30 Uhr! Er geht in die Küche und macht sich einen starken Kaffee. Dabei sieht er den Zettel auf dem Küchentisch. Patrick geht in sein Arbeitszimmer. Er telefoniert mit seinem Freund und Exkollegen Richard, der Hauptkommissar bei der Polizei ist.

„Hallo Richard, wie geht es dir?"

„Danke, gut. Kann ich was für dich tun?"

„Ja. Ich brauche Informationen über drei Personen: erstens über Johannes Burg, zweitens über Maria Burg und drittens über Andreas Kreuz, das ist ganz besonders wichtig. Das ist übrigens der Bruder von Frau Burg."

„Mach ich gerne, Patrick. Komm doch in zwei Stunden bei mir im Kommissariat vorbei. Und vergiss nicht, für die Informationen lädst du mich zum Essen ein."

12 Uhr. Patrick ist in seinem Büro. Er liest den Brief, den Petra mitgebracht hat. Er wurde mit dem Computer geschrieben.

ICH WEISS ÜBER DICH BESCHEID[36]!
100 000 EURO
ODER ICH SAGE ES DER PRESSE.
GELDÜBERGABE: 28.08. 21 UHR
AM KINDERSPIELPLATZ IN DER KARLSAUE

Von wem stammt der Brief? Worüber weiß die Person Bescheid? Petra sieht den Privatdetektiv ungeduldig an.

„Und können Sie schon etwas sagen?"

35 Stück Papier
36 über etwas genau informiert sein

„Nein, geben Sie mir etwas Zeit. Ich lasse den Brief untersuchen. Ich rufe Sie zu Hause an. Einverstanden?“ Petra nickt und verlässt das Büro.

Patrick setzt sich wieder an seinen Schreibtisch. Er nimmt eine Zigarette aus der Schachtel. Rauchen hilft ihm beim Nachdenken. Er legt sie zurück. Er denkt an Constanze.

14.30 Uhr. Patrick liest die Informationen, die er von seinem Freund Richard, dem Hauptkommissar, erhalten hat. Ein Satz findet die besondere Aufmerksamkeit von Patrick: „Der Verdacht[37], dass der stellvertretende Parteivorsitzende Johannes Burg (54 Jahre) an der Korruptionsaffäre beteiligt[38] war, konnte nicht bestätigt[39] werden.“

Merkwürdig! Patrick Reich lehnt sich zurück und verschränkt die Hände hinter seinem Nacken.

37 nicht genau wissen, was eine Person wirklich getan hat; Vermutung
38 mitmachen
39 für wahr erklären

Kapitel | 9

28. August – gegen 19 Uhr

„Was suchst du?“

„Lass mich in Ruhe. Du wirfst immer alles weg.“ Jürgen schaut seine Frau böse[40] an.

„Was soll das? Ich werfe nie etwas weg!“, sagt Petra. „Ich frage dich immer vorher. Was ist los mit dir? Du bist heute so nervös[41]!“

„Ich und nervös? Überhaupt nicht. Ich gehe raus.“

„Schön, ich komme mit. Frische Luft tut mir bestimmt auch gut.“

40 *Gegenteil:* freundlich
41 *Gegenteil:* ruhig

„Müssen wir immer alles zusammen machen? Ich will auch mal alleine sein. Tschüss", antwortet Jürgen.
Jürgen von der Aue sieht auf seine Uhr. Er geht schnell in Richtung Straßenbahnhaltestelle Brabanter Straße. Er merkt nicht, dass er verfolgt[42] wird. Patrick fährt direkt zum Parkplatz in der Nähe des Kinderspielplatzes.
Constanze sitzt in der Straßenbahn. Sie beobachtet Jürgen von der Aue. Sie zeichnet ihn. Er ist ein interessantes Motiv. Eine Stimme tönt aus dem Lautsprecher: „Nächste Haltestelle: Am Weinberg." Constanze, Jürgen und andere Fahrgäste steigen aus. Auch Constanze weiß, wohin Jürgen geht. Vor dem Spielplatz bleibt sie stehen. Sie setzt sich auf eine Bank und holt den Zeichenblock aus ihrer Tasche. Kurze Zeit darauf läuft Jürgen von der Aue an ihr vorbei.
Die drei wartenden Personen bilden ein komisches Bild: Constanze auf einer Bank vor dem Spielplatz, Patrick hinter einem Gebüsch versteckt und Jürgen von der Aue, Geschäftsmann und Parteivorsitzender, auf einer Bank auf dem Spielplatz.
Sie warten. Worauf? Auf wen?

42 jemanden nicht aus den Augen verlieren; dicht hinter ihm her sein

Kapitel | 10

28. August – abends

Ungeduldig sieht sich Jürgen von der Aue um. Es ist 21.15 Uhr. Jemand hustet hinter ihm.
„Du?“ Erstaunt blickt Jürgen auf einen Mann. „Warum erpresst du mich? Woher weißt du überhaupt von der Geschichte?“
Patrick kennt das Gesicht, doch er weiß nicht genau, wer der Fremde ist. Constanze zeichnet die Szene. Sie hat diesen Mann schon einmal gezeichnet. Sie erinnert sich. Vor drei Jahren stand Johannes Burg vor Gericht.
Der Politiker redet weiter:
„Deine Frau hat dir alles erzählt ... Glaub’ mir, es war ein Unfall. Meine Sekretärin hatte Geburtstag und wir haben getrunken. Ich bin dann trotzdem Auto gefahren. Und dann

war dieser Radfahrer da. Ohne Licht, mit dunkler Jacke. Ich konnte ihn gar nicht sehen. Wirklich nicht. Und dann ist es passiert. Ich bin weitergefahren. Ich war in Panik. Ein Politiker, der betrunken Auto fährt ... Das Ende einer politischen Karriere. Ich wusste nicht, dass Maria hinter mir fuhr. Zwei Tage später kam deine Frau in mein Büro. Sie machte mir ein Geständnis[43] und sagte: Ich habe mich in dich verliebt. Wenn du lieb zu mir bist, gehe ich nicht zur Polizei. Ich bin am Ende. Du willst 100 000 Euro von mir. Das Geld habe ich nicht. Das weißt du auch."

„100 000 Euro? Wovon redest du?", sagt Johannes Burg.

„Ich rede von deinem Erpresserbrief. Du wolltest doch, dass wir uns hier treffen!"

Johannes Burg lacht laut und verächtlich.

„Da komme ich zufällig[44] vorbei und will dich begrüßen. Und dann so was! Nein, dein Geld will ich nicht. Aber jetzt, da ich deine Geschichte kenne ... Ich rate dir zurückzutreten[45]. Und vergiss nicht, mich als deinen Nachfolger vorzuschlagen!"

Jürgen hat das Gefühl tief zu fallen. Da hört er noch eine Stimme hinter sich.

„Ich will das Geld. Oder denkst du, meine Schwester hätte mir nichts erzählt? Die dumme Kuh[46] kann nie ihren Mund halten. Also, her mit dem Geld!"

43 der Polizei (vor Gericht) sagen, was man getan hat; etwas sagen, was man noch nicht gesagt hat
44 ohne Absicht
45 eine wichtige Position / ein Amt aufgeben
46 *umgangssprachlich:* ein besonders dummer Mensch

Hinter Jürgen von der Aue und Johannes Burg steht Andreas Kreuz.

Kapitel | 11

28. August – 21.25 Uhr

Patrick hat fast alles mit angehört. Er denkt laut:

„1. Jürgen von der Aue hat vor ein paar Wochen mit Alkohol im Blut einen Radfahrer angefahren.

2. Nach dem Unfall ist er weitergefahren.
3. Maria Burg hat ihn gesehen und erpresst ihn.
4. Sie ist seine Geliebte geworden.
5. Sie hat ihrem Mann nichts erzählt, aber ihrem Bruder, Andreas Kreuz, der Geld für sein Schweigen will.
6. Johannes Burg war nur zufällig da und will jetzt den Rücktritt von Jürgen.“

Patrick tritt hervor. Gelassen[47] steckt er sich eine Zigarette in den Mund, sieht Constanze und steckt die Zigarette wieder weg. Dann sagt er laut und deutlich:
„Wollen Sie Ihrer Frau alles erklären, Herr von der Aue, oder soll ich zuerst mit ihr sprechen?"
Die drei starren[48] auf den Privatdetektiv.
„Gestatten, Patrick Reich, Privatdetektiv. Ich habe im Auftrag von Frau Petra von der Aue gehandelt. Sie fand Ihr Verhalten, Herr von der Aue, so merkwürdig, dass sie mich engagiert hat. Sie beide, Herr Burg und Herr von der Aue, müssen die Konsequenzen tragen. Sie, Herr Kreuz, kennen das Gefängnis[49] ja schon."
Eine Woche später liest Patrick Reich in der Zeitung:
Parteichef Jürgen von der Aue ist ohne Angabe von Gründen zurückgetreten. Es heißt, er will sich in sein Privatleben zurückziehen. Sein Nachfolger heißt Johannes Burg.
Zufrieden legt er die Zeitung beiseite. Plötzlich klingelt das Telefon.
„Reich. Hallo, Richard. Hast du die Informationen über den Radfahrer? Aha! Interessant. Danke. Ja, bis morgen. Tschüss."
Patrick Reich legt auf. Er ruft Jürgen von der Aue an:
„Guten Tag, Herr von der Aue. Ich habe gute Nachrichten für Sie. Der Radfahrer, den sie am 26. Juli angefahren haben, ist gestern aus dem Koma erwacht[50]. Er heißt Konrad Wegschneider. Er ist bereit Sie zu sehen."

47 mit großer Ruhe
48 sich intensiv / konzentriert eine Person ansehen
49 Ort, in dem Kriminelle zur Strafe eingeschlossen werden
50 in das Leben zurückkommen; nach langer Zeit erwachen

„Ich habe auch Neuigkeiten für Sie: Johannes Burg hat die Scheidung eingereicht[51] und meine Frau erwartet ein Kind“, sagt Jürgen von der Aue.

„Glückwunsch. Alles Gute für die Zukunft. Auf Wiederhören.“

Wieder ist ein Fall zu Ende! Patrick Reich ist glücklich. Er lehnt sich zurück und verschränkt die Hände hinter seinem Nacken.

51 die Ehe beenden wollen

Kapitel | 12

Ein Jahr später

Privatdetektiv Patrick Reich hat Urlaub. Seine Freundin ist für ein paar Tage zu ihren Eltern nach Berlin gefahren. Patrick genießt es, spät aufzustehen und in aller Ruhe lange und ausgiebig zu frühstücken: Butter, Brötchen, Marmelade, drei Scheiben Aufschnitt, Käse, ein weich gekochtes Ei, Kaffee und Orangensaft.
Freundliche Wohnungsnachbarn haben ihm die Tageszeitung vor die Tür gelegt. Patrick traut seinen Augen nicht. Im Lokalteil ist ein großes Foto, das Johannes Burg in Begleitung von zwei uniformierten Polizisten zeigt.
Ende einer politischen Karriere?
Johannes Burg, 55 Jahre, Parteivorsitzender, wurde gestern Nachmittag verhaftet. Es gibt neue Beweise für seine Beteiligung an einer Korruptionsaffäre, die bereits zu den Akten

gelegt worden war. Außerdem wird der Kommunalpolitiker der Erpressung in mehreren Fällen verdächtigt. Gerüchte sagen …

Patrick wird in seiner Lektüre durch die Türklingel unterbrochen. Er geht zur Tür und öffnet sie. Vor ihm steht Jürgen von der Aue.

„Herr Reich, ich brauche Ihre Hilfe."

Der Urlaub von Patrick Reich, Privatdetektiv, ist zu Ende.

Notizen

Übungen

Kapitel 1

Ü 1 Welches Wort gehört nicht dazu?

1. Partei, Wahlkampf, Demokratie, Wahl, Regierung, Opposition, Macht, Jugendliche
2. Neujahr, Ostern, Pfingsten, Hochzeitstag, Weihnachten, Silvester
3. Adresse, Unfall, Straße, Platz, Weg, Hausnummer, Geburtsort, Geburtstag
4. Blumen, Schokolade, Bonbons, Gutschein, Geschenk, feiern
5. Wohnung, Dach, Keller, Balkon, Garage, Garten, Rathaus, Arbeitszimmer, Küche

Kapitel 2

Ü 2 Richtig oder falsch? Kreuzen Sie an.

	richtig	falsch
1. Beate hat nur wenig Zeit für ihre Freundin Petra.	☐	☒
2. Jürgen von der Aue und Petra wurden von ihren Eltern finanziell unterstützt.	☐	☒
3. Mit zweiunddreißig Jahren wurde Jürgen von der Aue zum stellvertretenden Parteivorsitzenden gewählt.	☐	☒
4. Sie hatten viel Zeit, in den Parkanlagen spazieren zu gehen.	☐	☒

5. Jürgen ist Geschäftsführer einer Immobiliengesellschaft. ☐ ☐
6. Jürgen verhält sich seit einigen Wochen seltsam. ☐ ☐
7. Jürgen beachtet seine Frau nicht mehr. ☐ ☐

Kapitel 3

Ü 3 Bringen Sie die Sätze in die richtige Reihenfolge.

a. Petra steigt am Rathaus aus.
b. Petra glaubt nicht, dass eine andere Frau im Spiel ist.
c. Petra fährt mit der Straßenbahn in das Büro von Patrick Reich.
d. Petra erzählt dem Detektiv, was sie weiß.
e. Petra bittet um ein Telefongespräch, wenn der Detektiv etwas herausgefunden hat.
f. Patrick Reich schlägt vor, Jürgen von der Aue zu beobachten.
g. Petra bewundert den Schnurrbart und die Fliege von Patrick Reich.

Kapitel 4

Ü 4 Was gehört zusammen?

1. um sich	a. einlegen
2. vorbei	b. sein
3. auf jemanden	c. leiden
4. schwer	d. fallen

5. unter der Hitze	e. abbiegen
6. nichts los	f. erinnern
7. rechts	~~g. blicken~~
8. sich an einen Fall	~~h. kommen~~
9. eine CD	i. zugehen
10. die Hände	j. berühren

Kapitel 5

Ü 5 Bringen Sie die Sätze in die richtige Reihenfolge.

a. Patrick bestellt einen zweiten Apfelsaft.

b. Jürgen legt Geld auf den Tisch und verlässt die Gaststätte.

c. Maria Burg redet auf Jürgen ein.

d. Patrick verlässt nach Jürgen von der Aue die Gaststätte.

e. Jürgen denkt immer wieder an den 26. Juli.

f. Patrick Reich setzt sich in die Nähe des Politikers.

g. Patrick Reich fotografiert das Paar.

Kapitel 6 und 7

Ü 6 Welche Sätze sind falsch?

1. Patrick Reich ruft abends Frau von der Aue an, um ihr erste Ergebnisse mitzuteilen.
2. Petra erkennt auf den Fotos vier Personen.
3. Petra trifft den Privatdetektiv im ~~Viktoria-Hoch~~haus.
4. Patrick hat Constanze zum ersten Mal in der Volkshochschule gesehen.
5. Patrick und Constanze genießen den Nachmittag im Park Wilhelmshöhe.

6. Constanze zeichnet gerne.
7. Patrick glaubt, dass Maria Burg Jürgen von der Aue in der Hand hat.
8. Constanze ist zwölf Jahre jünger als Patrick.

Kapitel 1 – 8

Ü 7 Beantworten Sie folgende Fragen:

1. Warum braucht Petra von der Aue die Hilfe eines Privatdetektivs?
2. Welche Art von Problemen könnte Herr von der Aue haben?
3. Wer sind die verschiedenen Personen auf dem Foto, das der Detektiv Petra zeigt?
4. Was denken Patrick Reich und seine Freundin Constanze Zeigen über die Beziehung zwischen Jürgen von der Aue und Maria Burg?
5. Was hat Petra von der Aue gefunden?

Kapitel 9

Ü 8 Finden Sie die fehlenden Wörter wieder. (Ö = OE)

1.		2											
2.		4											
3.				5									
4.				6									
5.													
6.			8										
7.		11											
8.		1											
9.					9								
10.			10		12							7	
11.			3										

1. … soll das?
2. Petra ist die … von Jürgen von der Aue.
3. Constanze zeichnet ein interessantes …
4. Sie holt den Zeichenblock aus ihrer …
5. Du bis heute so …
6. Jürgen von der Aue merkt nicht, dass er … wird.
7. Man kann langsamer oder … laufen.
8. Kinder spielen auf einem …
9. Der Lautsprecher sagt: „Nächste … : Am Weinberg".
10. Constanze zeichnet auf einem …
11. Die drei Personen sind für Constanze ein … Motiv.

Lösungswort: Wie ist der Name unseres Detektivs?

1	2	3	4	5	6	7

8	9	10	11	12

Kapitel 10

Ü 9 Finden Sie den Infinitiv (die Grundform) folgender Verben:

1. Du weißt. wissen
2. Du wirfst. werfen
3. Wir haben getrunken. trinken
4. Ich bin dann trotzdem Auto gefahren. fahren
5. Deine Frau kam später. kommen
6. Du wolltest. wollen
7. Vergiss mich nicht! vergessen
8. Sie schreibt. schreiben
9. Constanze zeichnet. zeichnen
10. Jürgen von der Aue sieht sich um.

sich ~~umsiehen~~ umsehen

Kapitel 11 und 12

Ü 10 Unser Drucker hat keine Tinte mehr: Vervollständigen Sie den Text.

Patrick hat alles mit angeh __ rt. Er denkt laut nach:

1. Jürgen von der Aue hat __ or ein paar __ ochen mit Alkoh __ l im Blut einen Radfa __ rer ange __ ahren.
2. Nach dem Un __ all ist er weitergefa __ ren.
3. Maria Burg __ at ihn ges __ hen und erpresst ihn.
4. S __ e ist seine Geli __ bte gew __ rden.

5. Sie hat ihre __ Mann nichts e __ zählt, aber ihrem Bruder, Andreas Kreuz, der Gel __ für sein Schweigen will.
6. Johannes Burg war nur zuf __ llig da und wollte den R __ cktritt von Jürgen.
7. Freu __ dliche Wohnung __ nachbarn haben ihm die Tage __ zeitung vor die Tür gelegt.
8. Im Lokalteil ist ein große __ Foto, das Johannes Burg in Begleitung von zwei uniformi __ rten Poli __ isten zeigt.

Lösungen

Kapitel 1

Ü1 1. Jugendliche; 2. Hochzeitstag; 3. Unfall; 4. feiern; 5. Rathaus

Kapitel 2

Ü2 richtig: 6, 7
falsch: 1, 2, 3, 4, 5

Kapitel 3

Ü3 c, a, g, d, b, f, e

Kapitel 4

Ü4 1g, 2h, 3i, 4d, 5c, 6b, 7e, 8f, 9a, 10j

Kapitel 5

Ü5 f, g, a, e, c, b, d

Kapitel 6 und 7

Ü6 1, 2, 3, 5, 8

Kapitel 1–8

Ü7
1. Der Mann von Petra verhält sich merkwürdig. Er kommt spät nach Hause, spricht kaum noch mit seiner Frau. Petra hat ein Telefongespräch mitgehört, in dem er sagte: „Ich dich auch." Sie versteht darunter: „Ich liebe dich auch."
2. Politische Probleme:
   Er ist ein wichtiger Mann.
   Berufliche Probleme:
   Er ist ein wichtiger Geschäftsmann in der Automobilbranche.
   Private Probleme:
   Er hat möglicherweise eine Geliebte.
3. Es sind:
   a. Maria Burg. Sie ist die Frau des Stellvertreters von Jürgen von der Aue.
   b. der Bruder von Frau Burg. Er heißt Andreas Kreuz.
4. Beide finden die Beziehung merkwürdig, weil es zwischen Jürgen und Maria einen großen Altersunterschied gibt. Sie denken, dass Maria Burg etwas in der Hand hat, um Jürgen zu zwingen, eine Beziehung mit ihr zu haben.
5. Sie hat einen anonymen Brief gefunden. Darauf stehen Termin und Ort für ein Treffen.

Kapitel 9

Ü8 1. W A S

2. F R A U

3. M O T I V

4. T A S C H E

5. N E R V O E S

6. V E R F O L G T

7. S C H N E L L E R

8. S P I E L P L A T Z

9. H A L T E S T E L L E

10. Z E I C H E N B L O C K

11. I N T E R E S S A N T E S

Lösungswort: PATRICK REICH

Kapitel 10

Ü9 1. wissen; 2. werfen;
3. trinken; 4. fahren;
5. kommen; 6. wollen;
7. vergessen; 8. schreiben;
9. zeichnen; 10. sich umsehen

Kapitel 11 und 12

Ü10 Lösung im Originaltext auf S. 33–37

MP3:
Jeder ist käuflich
Ein Fall für Patrick Reich

Gelesen von Constanze Behrends

Regie:	Maria Funk Christian Schmitz
Toningenieur:	Christian Schmitz
Studio:	Clarity Studio Berlin

unter www.cornelsen.de/daf-bibliothek/audios

IN THE SHA
OF TH
BLACK MOU

VOLUME TWO

Memories of Farming Life
in the parishes of the Ewyas Lacy Hundred
of Herefordshire

LONGTOWN & DISTRICT HISTORICAL SOCIETY
ORAL HISTORY GROUP

Published by
Longtown & District Historical Society
Sunny Bank Farm, Longtown, Herefordshire, HR2 0LY,
United Kingdom.

First published 2008

ISBN 978-0-9557939-1-2

Printed and bound by Print Plus, Widemarsh Street, Hereford HR4 9HN.

"In the Shadow of the Black Mountains" is based on interviews carried out between 2004-2008 in the villages of Clodock, Craswall, Llancillo, Llanveynoe, Longtown, Newton, Michaelchurch Escley, Rowlestone, St Margarets, and Walterstone, which were included in the former Herefordshire Hundred of Ewyas Lacy.

Produced in 2008 by the members of the Oral History Group: Lynda Cecil, Bob Davies, Jenny Davies, Don Davies, Antony Egremont-Lee, Christine Hortin, Jenny Houston, Pauline Jones, Ruth Parry, Clive South, Graham Sprackling, Judith Stone, with the help of Graham Cole and Brian Wells, and based in part on transcriptions by the late Beryl Turner.

It forms part of the Longtown and District Historical Society Oral History Project, which was funded by the Heritage Lottery Fund.

Contributors/Interviewees

Dible Gwilliam, David Jenkins, Jim Maddy, John Morris, Elizabeth Price, Winifred Reece, Peggy & Trevor Watkins, Beris Williams, Cecil Williams, Jim Williams.

Also the following contributors, to whose memory this book is dedicated:
Mabel Pritchard, Bill Lloyd, John Reece, John Price.

We express our thanks to all the above and also to the people who loaned the photographs and illustrations: Graham Cartwright, Gladys Christopher, Olwyn Fletcher, Priscilla Flower-Smith, Phyllis Gwilliam, Myra Howard, Marion & Brian Jones, Chris Jukes, J.V.L. Lawrence, Beattie Lewis, Jim Maddy, Margaret Price, Winifred Reece, Graham Sprackling, Hilda Watkins, Margaret Whilding, Beris Williams, Frances Williams, Jim Williams.

heritage lottery fund

LOTTERY FUNDED

CONTENTS

Front Cover: *The Sevenoaks Family, Greidol Farm, Clodock.*

"A HARD PLACE TO MAKE A LIVING"

Most of the people interviewed were born between the two World Wars when times were difficult for farmers. The problems had begun as far back as the 1870s when the bulk import of cheap wheat and meat had begun. During the First World War there was a brief improvement. Since it became difficult to import food, the Government had to take action to encourage home production and this included the introduction of a guaranteed price system. This scheme was ended abruptly after the war, leaving farmers to fend for themselves. Many went out of business. The Depression of 1929 made things even worse, for poverty led to a fall in demand. Between 1929 and 1932 farm prices fell by a third. Arable land was given over to grassland and marginal land became derelict. In mid Wales many farms were abandoned. Montgomeryshire saw a population fall of thirty thousand between the wars. Nationally some years saw up to ten thousand labourers leaving the land. A few areas did quite well, generally where there was good transport and where farms were close to big cities. Eventually the Government introduced price support and created marketing boards, for example the Milk Marketing Board, to improve distribution. By the late 1930s there was some improvement in income; then the outbreak of war changed everything.

Herefordshire was remote from large cities and had poor communications. A 1930s report, '*The Land Utilisation of Britain.' (Part 64, Herefordshire)* gave a description of the Black Mountains area. On much of the higher ground the soil was described as being "poor and thin" with small fields and poor quality grass. Farmers were having to battle continually against encroaching bracken. A table based on 1935 statistics showed that seventy per cent of the land in our area was grassland and thirteen per cent was arable with two per cent common grazing. In recent years there had been an increase in the rough grazing, which amounted to fifteen per cent of the total acreage. The main cereal crop was oats, though this was cut green in bad summers. The area supported approximately one beast to three acres of grassland, and one sheep to three quarters of an acre, below the county average. Rainfall was over fifty inches a year, compared with an average of thirty inches for the lower parts of the county. Rabbits were a major problem in places (though, as we shall see, a money-making opportunity!). Some developments in the county were helping farmers. Cadbury had just completed a new milk processing factory near Leominster, but poor transport meant that hill farmers did not enjoy the benefits, so there was little dairying, except to provide for local needs.

By the 1930s Bulmers was producing large quantities of cider and in parts of the county there were large well-managed orchards. This was not the case in the Black Mountains area, "the trees which are of cider apples are rarely pruned and are overgrown with mistletoe." Sheep and cattle provided the main sources of income, though it was noted that Shire horses were bred, particularly in the lower Monnow valley.

The market towns for the area were Abergavenny, Hereford, and to a lesser extent, Hay. As the extracts make clear, it was to Abergavenny that many of the local families headed, rather than to Hereford. What the report did not mention were the local sales opportunities. According to the 1937 Kelly's Directory, there were markets at Ewyas Harold and Peterchurch (where there was mention of a hiring fair). Longtown had fairs in February, April and September (sheep and cattle) and November (cattle and horses), continuing a long tradition. An 1831 topographical gazetteer mentions fairs on 29 April, 22 June and a Statute Fair on 21 September.

Farms were generally smaller than they were in other parts of the county, the majority being less than 100 acres. Kelly's Directory for 1941 indicates that Rowlestone had the highest proportion of holdings of over 150 acres. Some land was owned by the farmers, but there were major landowners, notably the Traffords of Michaelchurch Court, and the Kentchurch estate. Over the years, many tenants were able to purchase their farms.

Life was difficult and all members of the family had to work to ensure survival, none more so than the farmer's wife. Before the late 1950s there was no electricity or mains water (so no washing machines or electric cookers). In addition to the routine indoor work, on some farms wives also did a lot of the milking, looked after the poultry and cared for sick lambs, to name just a few of the tasks. There is some evidence that life was harder for the hill wives than the more fortunate women in the lowlands. A comment was made in the recent book on Hereford Market, *'A Slap of the Hand'*, that women from the upland areas who brought produce to market were different from wives from more favoured areas. Children were expected to help, but as they grew up many had to leave home to find work. Of course, parents often hoped to find farms for their sons (and perhaps farmers for their daughters?).

Although there was hardship, not all was gloom and doom. There was a great spirit of community, with neighbourly co-operation at times like shearing, harvest and Christmas poultry dressing. There were many opportunities for social interaction. The work was very hard at times, but it was often work shared. Nowadays mechanisation has made life much easier, but at the same time farming is a much lonelier activity. Not that anyone would actually want to return to the old back-breaking days, of course!

Mr & Mrs Williams hoeing at Rowlestone Court Farm.

MEMORIES OF FARM LIFE

We have obtained so much material from our interviews that we have decided to produce three booklets about farming. The first will cover general matters, while the second will include the memories of many of the farm women and farm labourers. The theme of the third will be life during and after the Second World War. Although there has been some editing, the words are those of the interviewees. We begin with our oldest contributor.

MABEL PRITCHARD *(Longtown)*
Mabel Pritchard was born in 1899 at Pen-y-Park, Michaelchurch. (In the 1901 census she is named as the one-year old daughter of thirty-four year old James, born in St Margaret's, and his wife, Elizabeth Anne. At that date she was the youngest of four children. Her mother and siblings had all been born in Michaelchurch.) Her parents were farmers. They moved as tenants to the Brooks, Longtown when she was three or four. After marriage she farmed at the Bryn.

Farming at the Brooks. 'They didn't do much tillage, it was sheep and cattle. Horses were used for ploughing. We grew our own potatoes. My mother made her own bread, butter and cheese. We had our own pig and bacon, and a rabbit or two. I don't like rabbits now ... we kept a lot of poultry ... we were self-sufficient. My mother would shop in Abergavenny Market on Tuesdays in a pony and trap and my father would go along too, with eggs, butter, dressed chickens and anything else they had to sell. When we moved to the Bryn we did more ploughing there and we had to plough up more again in the war. When we lived at the Bryn we took wheat to the mill at Longtown in sacks and brought it back as flour which we used for making bread. During the war we had to put potatoes with it to stretch it out.'

She went out to work after leaving school. 'I went to a farm to work, looking after a couple of children while their mother was teaching at Longtown School. I got five pounds the first year and I stayed two or three years before moving to Llanthony, where I worked in the farmhouse, helping the farmer's wife. I lived in the farmhouse and walked over the mountain on a Sunday sometimes to see my family. Other times I went to chapel at Henllan. There were four children at Llanthony and a waggoner and cowman there, along with a man at hoeing time to hoe swedes and mangels in the fields. They all lived in the farmhouse which was halfway up the valley and called Maes-y-beran. I got paid well, sixteen pounds in the first year, but I had to work for it though and I couldn't save hardly anything. I had a few holidays and outings and visited relations. I left Llanthony to come home to help my mother and father because my brother had to go and join the army in the war.' *(First World War)*

'Everybody knew everybody well and there were lots of relations around. We all helped each other ... life is much easier now. I have everything to hand now in the house. Men have extra implements and the hard work has gone.'

Mabel went on working until she was 103. 'I worked until I was 103 and was then made redundant.'

JIM MADDY *(Craswall & Michaelchurch)*
Jim was born in 1920 at Little Cefn, Michaelchurch, and spent most of his working life farming at Llanrosser.

'Father and mother were married in 1918 and moved into Little Cefn and they moved on to Craswall Court in 1927 or Gilbert's Place, as it is sometimes known. My father was working for his father-in-law, but we always had milking cows and kept any produce we grew. Grandfather was farming at the Abbey Farm, Craswall. He was the Price of Abbey Farm, Craswall. There were Prices at Pentwyn; he was my mother's youngest brother.

'When I left school my first job was with Mr Baden Powell at Penlan, Llanigon. I think father must have seen him somewhere and mentioned that he had a lad just come out of school, or perhaps Mr Powell approached him, and I went over there for three months, only until the Fair, and then my grandfather wanted me to come back to the Abbey to work as he'd got several farms around. I looked after livestock for Mr Powell and did a bit of hedging. I was pretty keen on hedging. I had done this sort of thing at home. I didn't know anything except farm work. I lived at Mr Powell's and I was very happy. He was an excellent boss. I lived in the house and was treated like one of the family.

'I stayed there until Fair, 17th May. At the fair you used to be hired to a farm. I wasn't hired to my grandfather's - it was like going back home. After about two years I got tired of being there. I wanted to go up Brecon - I'd got some mates that had gone up and I wanted to go. It was getting away from home a bit. I went up and it was the best thing I ever did. It was superb - it was a real home from home when I got there.

'To get the job in Brecon I went to Hay Fair. We used to stand in a line down by Jones the chemist and farmers would see a likely looking lad or a likely looking girl, and they would ask if you wanted a job. I was approached by my first boss and the terms were twenty pounds for six months - live-in of course - and that was six miles the other side of Brecon, Llwyn-y-fedwen, Libanus, at the foot of the Beacons. I had no idea where I was going, and I didn't know the farmer but that didn't concern me as I wanted a bit of excitement and adventure.

'It was very good there. I had excellent food, and they were very sociable. There was the man and his wife and boy ... he were around the same age as I was, about sixteen. He was going on the bus to school in Brecon. We sold milk, and I didn't know anything about milk. I don't think I'd milked before but I had to milk there. 'Course mother used to milk our house cows at home. I had to milk about seven cows I think.

'The milk was put through the cooler and then into churns, and went by lorry over to Merthyr Tydfil. There was no such thing as working hours then. We got up in the morning when we were called, and when we were ready we started work, and we went to bed at night. We would stop and have a chat and sometimes play a few games, but it was nothing much. It was from work to bed and from bed to work but we were all very happy. It was what we had been used to as children, not going out to town every night.

'I stayed at that job for twelve months. I was hired for six months; it was stopping on then, or not stopping on. I was always asked to stay on. We just got on. After twelve months I went to work at a place called Pencwmarry, Garth Brengy. That was for six months and I think I got a pound a week then. I can't remember why I left. The boss and missus there were brother and sister, not a married couple.

'My first place was west of Brecon and this place was north of Brecon. I was there for a year and a half - three, six months. The war broke out while I was there in 1939. I left there in the November and went to a place east of Brecon, to work for the previous boss's cousin. I went there for fifty-two pounds - for six months. I was keen to move on and learn something new. Farming was in our blood and didn't need a lot of teaching. We didn't need college as we got the practical side working on the farms.

'I used to go home to Craswall Court every six months, the week of the fair. That would be a holiday. I always got on well at home but I couldn't wait to get back. I stayed east of Brecon for two and half years as by this time I'd met the best girl in Wales. She was working for a farmer down near Whitney so I moved to Talgarth to be nearer my sweetheart, for seventy-five pounds for six months. It was said I was the highest paid farm worker in Brecon then. Whether it was true or not, I don't know.

'We had a cottage at Willersley and worked for John Morris of Willersley Court. I worked on the farm and thirteen months after we'd married she had a baby. It was a happy start to our married life. After a bit, we left there and moved back to the place where I had worked for two and a half years, Felin Fach, to a cottage and the same farmer as when I'd been there previously. We stayed there two and a half years before moving to Llanrosser where we started farming on our own account. That was 1946. The farm belonged to my mother. It was part of her legacy when her father died. He owned several farms. It was empty at the time and there was a house that went with it. It had a hundred and eleven acres and it was a mixed farm of sheep and cattle. We had to grow two acres of spuds of course, because the order to grow a few spuds was still on after the war. We kept a few pigs. We had to stock up and I bought fifty ewes and lambs in the first June which are known as couples. We did very well out of those. I gave three pound a couple and in no time I was making three pounds on a lamb and I had a ewe left over. So I went up to Brecon in the autumn and I made my fifty up to one hundred and twenty, which helped. Poultry was our best payer, then. We did well out of poultry. Eggs in those days were six bob a dozen. I didn't do much carpentry, but I remember making a poultry house because you can produce poultry quick. You can produce sheep fairly quick, pigs fairly quick, but cattle is a long-term job. The average farm then would be about hundred acres roughly. Mr Howells had about three hundred acres. Many farmhouses were not inhabited; Tyn-yr-gwynt, Pikes, Grigland, Gliss, Castle, Springcastle, Pennsylvania were all empty. All these farms were taken in by the Howells who farmed it all as one.

'Before very long we had two hundred and fifty sheep as we had grazing rights on Cefn Hill. The hill wasn't very big, only about three hundred acres. The Commons Registration said that we could graze three sheep per acre of our enclosed land. We didn't put ours out because we had too many. We would put some out for a short spell after we had weaned the lambs, to dry up the milk of the ewes. About ten people had grazing rights ... about thirty acres each.

'We usually kept a servant boy to help out. He would live in and be kept on by the week. At busy times of the year, like shearing, we could shear most of ours in a day; neighbours would come to help and then I would go to help them. And the same thing with the threshing when we were growing corn. We helped each other to thresh - Uncle Jim of the Abbey, Howells, Oliver, Uncle Sam at the Cefn - about ten or a dozen helped each other as a group.

'The shearing was done by hand until about 1957 when we got electric, a generator plant, and had two electric shearing heads put on. There weren't many as had a generator. We did the shearing on our own then because we'd got two units and could do the shearing ourselves. We didn't have a shearing day for very long - perhaps about ten years. We didn't have mains electricity until 1966. Until then the generator ran the two shearing heads; we didn't have an electric cooker nor a freezer. We had the generator for lights and television.

'Until then we had used oil lamps - those were the good old days! The threshing was done by machine; we had to pitch the sheaves onto the drum, cut the bands on the sheaves and feed it in. It came out as straw one end and corn the other. There was a straw tier and I got my finger caught one day and came out minus a finger. The biggest problem with losing my finger was I hadn't got anything to wipe my ear out after washing my face. The threshing machine was powered by a pulley on the tractor and a belt driving it.

'I first started ploughing with tractors in 1940 and it was much quicker. We had a three-furrow plough and we could plough one acre an hour, but with horses it was an acre a day. What a difference! We could plough fairly tidy with a tractor and of course they can today. Of course they've got those one-way ploughs today. They don't have to do no cops or reens. A "cop" is where you start to plough, but with one-way ploughing now, you start by the one edge and work your way to the other. You don't have to have this "cop" which you go round, and the "reen" is where you finish. The one-way plough goes up and down not round and round.

'I liked hedging. That's very nearly a thing of the past now - you just don't do it. Everything is now cut up. You can't hedge mechanically. That still has to be done in the old-fashioned way, but it just isn't done. In a lot of cases they put up fences; there aren't many hedges about now. They still do hedging at these agricultural societies. There is a beautiful piece of pleached hedging near the farm at Pen-y-dre. It is very time-consuming - though the world-champion hedgers were up here at Brecon and they were using chain saws and doing 170 yards in a day, two men. That's some hedging. In my day, if you did three perch a day, which was twenty-one yards, that was thought to be a day's work. I have done 108 yards in a day and a half, but only once. That was what we called "crop and pleach", we didn't drive in any stakes. We used a small hacker and an axe - the hacker has got a short handle and the axe has got a long one.

'I'm not happy or unhappy with modern farming methods; it's a thing that grows on you or you are overtaken by it. It's no good saying you don't like it, it happens. I've always been contented wherever I am. I'm in a house by myself now and I'm perfectly contented. I love visitors, I don't want to go and visit anyone else, but I love visitors. All this machinery has done away with lots of labour; I do not think it's for the better. I don't think there would be so much crime if people had to work with a pick and shovel instead of doing nothing. People are going into further education until they are about twenty, and they are getting into mischief half the time.

'I've completely given up farming now. I'd spent about fifty years in farming and I've seen vast changes. Take for instance, some of these big farms. They would have eight or ten men on them, now there's only one. It's all machinery. It's contract machinery that's bringing in an extra man, but not a man off the farm. Then it would be all done by hand on the farm - a pick and shovel type of farming. No chainsaws on the farm in those days. That's why those going into farming now go to college to get genned up like.'

Several people mentioned the hiring fair at Hay. In his book 'Country Voices' Charles Kightly states that hiring fairs survived longest in the north, the west and Wales. Farm servants gathered in a place in the town established by custom and waited for a prospective employer to approach. Then the negotiations would begin for the conditions of employment for the year. If a deal was reached it was clinched with a down payment, often spent straight away on one of the attractions of the fair. By the 1930's hiring fairs had largely died out, though they lingered on in parts of Wales until the 1950s.

JIM WILLIAMS *(Longtown).*
Jim was born at the Blaen in the Olchon Valley in 1918, the oldest in a family of nine. Soon after, his family moved to Upper Turnant. He has lived at Shop Vach, Lower Maescoed, since 1948.

His first comments show just how self-sufficient the villages were in those days:

'There were three mills in Longtown - Clodock, Pontynys and Tan House. Tan House Mill was driven by engine in those days, not water. I've been to all three, using the horse, taking the wheat to Clodock to grind into flour. There was a sawmill at Ty-Button where they fetched all the big timber to. I've queued at the blacksmiths. You never booked appointments, you had to wait your turn. There was three men shoeing, two horses at a time with men doing other work, mending machinery and things like that. There was two butchers, Proctor at Longtown, and Don Prosser who did the slaughtering at the Cornewall Arms in Clodock, but he had a shop in Abergavenny in 1920.

'There were lots of people living in the area. When I came to Shop Vach in 1948, we had fifty acres and there was eight scrap houses on it. Fifty acres was in thirty-nine fields, which was too small for horses or orchards. They wanted it all cleaned up. I only rented Shop Vach for the first two years. When it was mine just after the fifties, they wanted it all cleaned up to plant corn. Nobody wanted the stone. We buried five houses with the bulldozer, which would be worth a lot of money today. There was twenty-six houses in Lower Maescoed, with people working in different trades. There was a shoe repairer, a blacksmith, a tin maker, a chimney sweep and people went round reaping wheat with a hook and crook. There were lots of people living here then, but people left to find work elsewhere.

'Everybody kept two or three pigs up until the war. When the war started, cottagers had only one pig. There were pig killers around, but most people killed their own pigs. My father did a few. Caught the pig, three holding him, and stuck him on the bench, and with forked sticks got straw put around him to burn the bristles off him. then they scrubbed him down with a butcher knife and things they made with sticks and treacle tins with holes in to tear all the black off him.

'When I was a boy, there was a stock market at Peterchurch and Abergavenny. You walked there and back, and sometimes you never sold the cattle – nobody there to buy them. Trade was bad in those days. No one asked you what you took them there for, you just walked all the way back home.

'There were no vets. I was ten years at the Wernddu and I never saw a vet on the place, nor did I see a vet around Longtown. They either fetched Watkins from the Moody or Harry Johnson, Lower House, when there was any trouble with stock. My uncle used to fetch me to draw lambs when I was eight years old and I done that up until a few years ago. I was called up in the middle of the night to go to get lambs.

'Wagons used to go down to Pandy. All the coal came in trucks to the station, and you fetched it with horses. When you sold your wool you loaded it onto a wagon and took that to the station to go to Abergavenny. There were two buses going from Longtown; there were no cars about. The buses were loaded, with as many as they could let stand on them. Chickens, dressed poultry, eggs and butter were put into hampers and put on top of the bus using a ladder. Anything that wouldn't fit in the bus was put on the top. Going to the Hay Fair I have seen them put eight or nine men on the top. Bus would go three times to Hay, to fetch them from the Fair. Last time the police was there and said no more hanging on the bus or riding on the front. The driver told them to walk out of Hay and then put the eight or nine boys on top of the bus to take them to Longtown. When the bus got to the bottom of the Slough at Vowchurch, the bus wouldn't take them up to Bob's Shop and the driver put them off the bus. They walked to the top, and the driver let them on again.'

Jim was brought up with horses and during school breaks had done plenty of unapproved riding. The area was an important centre for horse breeding.

‘When I was about twelve I helped a chap named Charlie Greenow from Longtown take seven horses to Ewyas Harold all the way from the Bridge all the way to Home Farm gate, and sold the horses by hand. Just slapped their hand and sold them by hand. He had two horses that hadn't done much and he said “You ride this mare” and he got the foal with her big enough to follow. The others was laced up, cord round their neck back to the next one, and we never meet a car. But as I was coming up to the top of the Bryn, we did meet a car. Horses were always afraid of cars in them days, especially the ones behind us that had never been on the road. They pulled back and pulled my mare round on the road. I got my leg inside the rope instead of outside and tore all the skin off my leg.

‘I took a horse to Hereford once. Mrs. Pritchard that is 105 today, her husband, Guy Pritchard, (from Upper Bryn) helped me break a horse. The horse went pretty good; you never know with a young horse whether he is going to go. Her son came across to me the next morning and said his father had dropped dead last night. He was only 44. I couldn't believe it. I done a bit of work to help Mrs Pritchard, and her son come back and helped me. She said she had a horse ready for the Hereford Horse sale. Will you take him? I'd taken several horses to the sale in Hereford from the farm I was at, on the train from Pontrilas. So the son come along to me said he would go down to Pontrilas station as was going in them days, and order a horse box to drop off ready for the train next morning. We took the horse to Hereford and he was pretty frisky. We had to take him through High Town - which wouldn't be very good today. He should have had the first prize. The judge was from Manchester and he gave him second prize, and he bought him when he came up for sale, and he made more money than the first prize made. He made 73 guineas.

‘We took ponies to Abergavenny, two-year-old, for two pounds a piece. We have sold foals which were just weaned for 7/6d *(37p)*. We had a lot of ponies, and we sold ponies to the pits. That was the best thing going – if you could rear horses for the pits, 14.2 hands. Geldings they bought for forty pounds each. Three chaps from Cwmbran who had horses underground and they were always wanting these horses. We put them on the train at Pandy.

'Before I left school I went cutting bracken with a horse, and some fencing. I cut nineteen acres at night and got 12/6d *(62p)*. I was going to do it a second year but I had to help father do the harvesting ... Watkins from Longtown used to rent this ground for nineteen pounds per year. When he went from the Cwm, he bought the Lower Bryn. Mr. Watkins couldn't get anyone to take it after so he kept it himself and he bought some cattle to come there. When my uncle had it, he had a bargain as he had to give twelve pounds a year and cut all the bracken on it. Well, Mr. Watkins worked on the road and I wouldn't expect he was getting more than one pound per week in them days, I wouldn't know for sure. But he come by one day to see his cattle at this ground and he said to me "could you cut the fern on there?" I said I had to help father, but I would do it. I did it at night, and cut nineteen acres and he said he would bring some more cattle there, but the hedge wasn't very good between there and the next man. I had done a lot of hedging. We cut some limbs off and stopped up the worst places. He said "When you do that I will pay you." He gave me 12/6d *(62p)* in those days.

'There were Hiring Fairs in Abergavenny or Hay. The only time we had an outing was to the Hay Fair on the bus. A lot of the main farmers come from Brecon and Radnorshire. They liked boys from Herefordshire and they paid more money than some of them in Herefordshire. But I don't think the food was very good in some of those places. You stood on the side of the street and they was coming up and asking you "Looking for a job, boy?" In addition, those they did hire, they gave them a shilling *(5p)* to bind the deal. Clifford Francis was up there when he was a boy and he hired on to one, but there was a lady that lived near the same place and said to his mother "Don't you send your boy there. They have nothing but fat meat and bacon raw for breakfast." So they sent the shilling back and he never went.

'Girls were the on hiring as well, and I know a couple of boys from Longtown went up there getting good money. They stuck it for a year, but they said they couldn't have lived without buying biscuits and things from the shop as they did not get enough to eat so they were no better off. One chap told me "They were shooting crows as was coming on the corn, and we chucked them outside and these crows were on the manure heap, then one day there were no crows on the muckheap – and that is what we had for dinner on that day."

'I can just remember the strike in 1926 which lasted a fair time. I remember two chaps coming from Ebbw Vale in autumn and asked father if he could do with someone for the winter. They had no job and no money and would work for their food in the winter. Father said he couldn't do with the two of them, but the next farm may have room for one. So Father put one on for the winter and he worked for only his food.

'Thrashing machines - not many used them. I used the flail when I was a boy, only to knock a bit out for the hens and things like that. "Phillip and Mary" was the name of the flail. I can remember my father had a small thrashing machine as only thrashed it out, chaff and all together. It was one improvement on "Phillip and Mary", "nyal" as it was called. I can remember the big thrashing machines were heated with coal and they never went out that winter as they had no coal to get the steam up, so people were coming to my father for him to thrash corn out with his small thrashing machine; he travelled as far as Pandy with it. It was thrashed out with chaff and all together and it had to be put through a winnowing machine. I have turned a winnowing machine forever at night to winnow it out for different people.

'There were sawpits on every farm. But I never saw anyone working on the sawpit. There was one underneath and one on top and they used a briartooth saw. That's where "Top Dog" came from – the one on the top. He was the boss man. There were also quarrymen.

'I went to Wernduu, in 1936. Upper Wernduu had 144 acres and I ploughed the whole farm with horses and tractor, besides six acres. I came from there in 1946.

'The biggest improvement was when the first tractor come at Veddw, Rowlestone in 1940, and he sent them down from

Dagenham to show us how to set a tractor plough and how to start a tractor, and how to do a tractor plough. Someone said to him "Can't you get some rubbers from somewhere" and he said, "Rubber is very short and we can't get it." And when we got it, I thought this was wrong. The ones up in Scotland have the first chance for rubbers to go on tractors as rubbers will go over, and spade lugs won't. I thought that was very wrong. If a spade lug won't go, a rubber ain't going to go anywhere. My boss sent me up to the Black Mountain to plough three fields for a man. I ploughed two in sward and that was all right with a spade lug, but when I went into a stubble field, he sunk in. If I could have got up, I could have ploughed him downhill. A few days later a tractor came in with rubbers, and he went up and down just like a bird. I could see how wrong I was.'

Normally food from our area was in demand, but this wasn't always the case.

'There was a gibbet many many years ago in Longtown, and I heard my grandmother say that when they hanged a man on the Green in Longtown his body was left on the Gibbet all summer and he rotted away. That summer when people from Longtown took butter, cheese and that to sell in the Butter Market at Abergavenny, no one would buy the stuff if it had come from Longtown, saying if there were flies on the body, there must have been flies on the butter and cheese.'

Note: Several people mentioned the use of the ancient farming implement, the flail. It consisted of two sections, the hand staff and a beater, joined together by a band of leather. The sheaves were put on the floor and thumped with this instrument. In inexperienced hands it could cause danger both to the user and bystanders. The work of separating the grain was carried out in the winter on the stone floors of the barns with the doors open to clear the dust, and to let the labourers winnow the corn afterwards. Flails went by many names, often in male/female combinations, as here. In Breconshire they were called 'Joseph and Mary.' Flails continued in use for threshing beans after their use had been abandoned for cereals. Some farms had small indoor threshing machines, though the big threshing drums provided by contractors supplanted these.

PEGGY & TREVOR WATKINS *(Longtown & Craswall)*

PEGGY

Peggy was born Margaret Williams, c1925, and lived at Middle Ponthendre, until her marriage to Trevor.

'It was a hard time for my parents but as children, you don't think about that. Money was very scarce. If you hadn't got something to sell, you didn't have any money to buy. Farms got their own food then - chickens, plums - we had all that. Mother used to make jam; there was always something on the table.

'You'd go to Abergavenny with all your things - your butter, eggs and plums, parsley, whatever you had to sell but you wouldn't dress up so smart to go to Abergavenny as you would to go to Hereford. This was on a Tuesday which was market day. I used to pick flowers out of the garden - daffodils, narcissus and bunch them up to sell them. We used to go to market by horse and trap and later Mr Morris at the garage got a bus that would take us. You got ready, and my mum - we used to live by the bridge - had to go out with the baskets and put them along the bridge for when Mr Morris did come. Off mother would go to market. I was about five or six at this time - about 1930 I should think.

'We weren't supposed to work on a Sunday. People did nothing on a Sunday apart from feeding their animals, but it's different now.

'We also had vagrants come round. You'd give them a bit of bread and cheese and a glass of cider; they didn't appreciate tea, they wanted cider. They would do a little job like chopping wood and we would give them food. They would sleep rough or ask to sleep in the barn. There used to be quite a lot of them. If they couldn't cope, there used to be the Workhouse over at Abbey Dore. But they seemed to cope; they had a system. The farm above us,

Goods Farm, a chap always arrived there for the winter. He used to bed down there for the winter, staying in the barn. Once the weather came rough, he would arrive. There was another character called "Old Slem" - he did love cider. We miss the various roadmen, too. We knew them and took it for granted that they were around.'

TREVOR

Trevor was born 1925 at Gworlodyfain. He moved to Shawls Farm when he was six and stayed there until his retirement.

'During holidays I would go to members of our family. I was spoiled a little bit because I had lost my father and brother so I was farmed out to the family a little bit more. I was seven when I lost my father. My mother carried on farming and I got to do more as I got older. An uncle would come and help with the harvest and lambing.

'I was doing work on the farm before I left school - harvesting, raking, mowing, jobs like that, quite a time before I left school. Certain jobs I did alone like getting wood and fencing. My uncle taught me these skills. He would put me on the mower and say "Now you go on and do it." We had one big carthorse on the farm and the mower was a Bamford two-horse mower. We used to get a fresh horse in and break it in for the summer. We managed with one the rest of the time; the second horse would be sold at a profit.

'I left school at fourteen and then worked full-time on the farm. When the war came the Ministry of Agriculture sent out a directive to produce food. They gave us subsidies to produce food. We had to plough up so many acres and I started ploughing then with the horses. We had to plant wheat, barley, oats and potatoes and a certain amount of roots. We also had cows and calves and sheep on the farm. They were fed loose hay in winter then. We grew all this ourselves, we didn't buy anything in. When I was about fifteen, I worked at Michaelchurch Court for a spell. I worked there full time for about twelve months. Then there was more work at home and I returned there. We became better off during wartime due to the subsidies. A lot of farms were very poor farms;

ours was very poor. We were told to plough some fields and we saw what could be done with those fields so we were keen enough to plough others. It did really improve the ground. The war done a kindness to a lot of farms and I was never called up because we were farming. We got our first tractor, a Fordson Major, in 1953. It was second-hand and cost one hundred pounds which was a lot of money then.

'In the farming life in Craswall everyone would help each other, like you got shearing, and everyone would come to help you to shear and then you went back and helped them to shear. The same at threshing - the neighbours would all come and help. You didn't pay, you went back and helped them. It was a way of getting it done without any payment. We would talk between ourselves to see how and when things would get done. It doesn't work like that these days - not so much now. That's because we have machines to do it and don't really need helpers in.

'There was no going to veterinary's, you treated the animals yourself or went to another farmer who was better at it. He probably used herbal remedies. You didn't call a vet out unless you had to, because it was expensive. I only used a vet once in my early days to treat an injured horse. Later, well after the war, I used them more. Peggy's father was good at treating animals.

'We had different people come round in Craswall. We had George Cook come round in his cart - he used to buy and sell. He always had rock salt to sell for the animals to lick. Animals seem to like salt; when they put the road salt in boxes on the roadside you see animals licking it. Other sellers didn't seem to get up to Craswall. Mr Cook always had a whippet tied to his cart running alongside. This whippet used to pick up a rabbit for him occasionally.

'He used to buy feathers after feathering, geese feathers and duck feathers. I think he used to sell them on for pillows. If you had the down from the birds this was worth quite a bit more and he would buy it from us. His wife would come round with him. She would have a basket on her arm and a hat on her head ... she was a big robust woman. She always walked by the side of his cart.

'Talking of vagrants: one day I bought a horse in Hereford and I couldn't get this horse home. This chap who stayed at Goods was in the Market and he offered to bring him home to Craswall for ten shillings (50p). It would have cost three times as much to have him brought in a lorry. He delivered him next day. Where he'd spent the night with my horse I don't know, but he delivered him the next.'

WINIFRED AND JOHN REECE (Newton)

WINIFRED

Winifred, nee Jenkins, was born at Fern Verrow. a smallholding where her mother's parents lived and she remained there practically all her life until she went to college. After marriage she came back to her grandparents' farm, Quarrelly, with husband, John.

' ...I got married and had children, and more or less helped on the farm. I tried my hand at driving a tractor but that wasn't very successful, but in my forties, after I learnt to drive, I did take lambs to Hereford on my own to sell them, and I did help with the haymaking. And of course we had a lot of geese.' *Winifred dressed poultry for the Christmas market. This provided much needed income in the winter months. Rearing poultry was usually the responsibility of the women of the family.* 'It seems a long, long time ago that we had hens and poultry and eggs and I have got no sympathy for the fox because if you happen to not shut your hens in a fox would come and take the poultry. We don't keep poultry now because they would go and lay in the barns and it was a terrific struggle to beat the magpies to get the eggs. We had ducks as well that used to go all over the place. I can remember the ducks nodding their heads and refusing to go into the ark and that was maddening and would make me swear. But the geese were allowed to go all over the farm, and I can remember this one night especially, a group of geese didn't come home and we searched and searched for them. We found them next morning. They were in a ditch at the bottom of a field and we found them, one after one being dead. The fox had carried them up the field

Abbey Farm, Craswall. C.1921 (The baby is Jim Maddy, with mother & aunt).

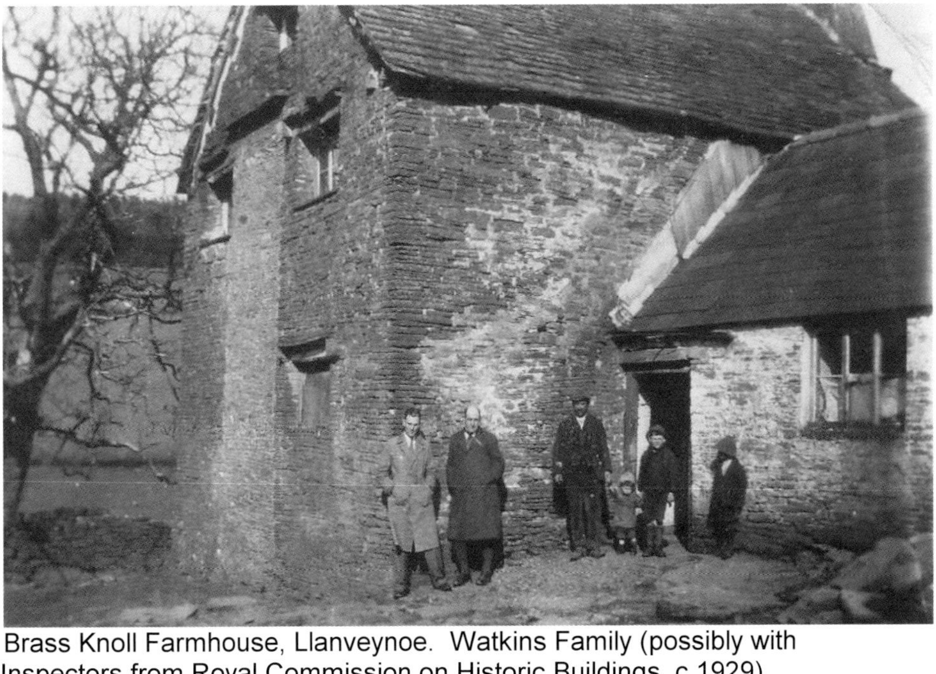

Brass Knoll Farmhouse, Llanveynoe. Watkins Family (possibly with Inspectors from Royal Commission on Historic Buildings, c.1929).

Rounding up the sheep, near Bull's Head, Craswall.

Ewyas Harold Market *(see page 37)*.

Shearing at the Wigga, Rowlestone 1930s.

Rolling wool at Llancillo Court – Ernie and Trevor Whistance.

Threshing at Quarrelly, Newton, c1920.
(Harry Pritchard with his father's steam engine)

Winifred Reece feathering at Quarrelly, 1960s *(see page 21).*

Outside the Greyhound Inn, Longtown, 1960s. George Griffths (right).

Gambo at New House, Michaelchurch, 1930s - Arthur Ruck, Gladys Phillips (*now Gladys Christopher*) & her father Tom Phillips.

Haymaking at Llancillo Hall Farm, 1920s.

Sid Powell (Lower Newton) drilling corn.

Shooting rabbits at Craswall – the ladies are 'Shook' Weale & Blanch Jones.

Waggon at Veddw Farm, Rowlestone.

Demonstration of tractor ploughing at the Veddw, Rowlestone, 1940 *(see page 15)*.

Eddie Holder, with calves at Coed Poeth, St Margarets, 1940s.

Getting water from a well at Walterstone.

Bringing in the Sheaves. Llanon Farm, Michaelchurch, 1970s.
(The late Howard Dudley, former Vice-Chairman, Longtown Historical Society)

and left them in the ditch, and this is why I have no sympathy with foxes. We used to get up at about 4 am. John used to stick the geese - this wouldn't be allowed now - and we used to swing them (oh dear, it seems terrible now) and then we did the feathering, and I would do the dressing. If we had about ninety geese, we used to do about four or five each week and put them in the auction at Barnsley's. At Christmas time we took them to be auctioned as well as some orders. Most Wednesdays we went to Hereford with geese, or maybe sheep.'

JOHN

The late John Reece was born in Peterchurch. He moved to Quarrelly after his marriage to Winifred and farmed there until his retirement.

'My father was the youngest son of a man who had three hundred acres, but father had gone and blotted his copybook by virtue of the fact that he had gone and got married to mother, who his father did not approve of. And so he had to go and work for his brother as a farm labourer. This was in the early thirties, the Big Depression. He was getting thirty-five shillings per week and he worked all the hours that my uncle required of him. The Depression was making things hard. He had to get to the farm at eight in the morning and he walked behind horses all day. He came home, he had his tea, he went back after tea and there's an old paraffin engine with which he continued to grind corn for pigs until eleven o'clock at night for four nights of the week. My uncle found out that he could sell pigs through Weeks of Brynmawr in South Wales. He accepted this and he hung in there like; he kept his feeding regime, and kept the type of pig, and this he would say saved him from bankruptcy, in those times when it was extremely difficult to make any money at all.

'My mother got ill when I was two, and when my sister was on the way, I went to live with my grandfather who had bought the house we lived in in 1926 for eight hundred pounds with the best part of half an acre of land; it was a five bedroom house, which in recent years has been sold for over two hundred thousand pounds. My grandfather, although he had finished farming, he still had an active interest in it. He would go to my uncle's and turn hay and one thing and another, go round cattle as this was his way of life. As a little boy I would go with him. We'd call at his friends where cider would be drunk by my grandfather. He always had a quart of cider every night, which was his way of independence from my grandmother who was a member of the Temperance Society.

'When he was farming, he had dealt with horses. The farm was not their own. It was on the estate of Lord Brockett, being run by his agent, Captain English. Lord Brockett had gone to live in Ireland during the War.

'When I was thirteen I got shingles twice and jaundice, which blew my dreams of being a civil engineer right clean away. I was only one hundred pounds in all my clothes, boots and all. I stood five feet eight inches, and my mother wouldn't let me live away from home so I worked on the farm. Usually I looked after the cows, but at harvest, one had to catch hold of the hook and crook. Whereas many farmers just got the binder and drove around the field, my Uncle would not allow that. You had to take the hook and crook, and cut a double blow all round the field. This I done at night, and I cropped hedges at night with a hook, and looked after the calves, and on the sugar beet. I well remember one night, we were pulling out of the field below the road, with two horses on, and the horses knew when it was time to knock off. When we came to a certain place where we usually turned left to go to the station, we went further down the road and parked the cart overnight "on the peg" (with a broad wheel cart, you could lift the body up and put pegs in so the weight wouldn't be on the shaft and balance back over). My uncle had told me you come down to this smallholding he'd got, and we could park it in the yard. We came to the corner where we usually turned for the station, the horse was dragging her feet, and when we passed the corner, she knew her day's work was over, and she picked up her feet and when we came down to the holding my Uncle had opened the gate. I pushed her in, but her feet kept coming and the broad wheeled cart went over the gate and knocked down the posts. Unfortunately my uncle's language was such that you hadn't heard in no chapel or church. However, little could be done but to pick up the gate under his arm and go to light the fire in the morning. When you got half a ton of sugar beet and a broad wheeled cart, it's not fit to be repaired.'

Threshing. 'In the early days we used a steam engine and they would go and fetch the threshing machine with horses, and quite a lot of adventure would be had because you'd have to have three or four horses on the engine and at least four horses on the drum itself, and another horse on the bolting tyre. The horses really had to pull when they were going uphill because the threshing machine was two or three tons in weight and would not go much. Many a gatepost or barn door got knocked down.

'My grandfather, like many of the old men were, was a great man for the morning. "One hour before twelve is worth two after" and he would be up at five o'clock in the morning. He had a great rivalry with Win's Uncle and Win's Uncle was fond of saying how he would beat my grandfather. He got up early and came down to the farm to light the fire for the engine and thought he would beat my grandfather and have the whistle blowing. But my grandfather had already been round the sheep. That sort of rivalry.

'Today, people are not allowed to carry more than twenty-five kilos. In those days, I myself, when I was eighteen, carried 224 lbs (100 Kg) of wheat, carrying it all day. Looking back, it was a foolish thing to do because now I have to wear a "lift" in my left shoulder, but in those days it was done. There was no question, and if they were threshing well, or they decided to educate you - which means throw it through as fast as they could to see if you could keep up - then you would have quite a job on your hands. But the Lord was with me and they never got the better of me in this business. We cropped hedges by hand, we pulled sugar beets, mangolds, often having to get sticks from the hedge to knock the troughs off (knocking the dirt off the bottom) and all muck in the winter.

'When I started work on the farm, it was fifty-two hours at sixpence an hour, and the waggoner was getting three pounds, ten shillings. We lived accordingly, and the price of things was pro rata, so nobody was in rags without boots. We had patches on our clothes. I put patches on my clothes now. I don't think it makes a lot of difference. I worked for my uncle until I was twenty-six when

I came here to Quarrelly to farm this place, using more or less the traditional methods which I had learned with my uncle. Many of the old things are gone. Horses are no longer worked. Many of the old diseases have become suppressed. My uncle would just look at the animals and a thing called a "tail drop", which most people look on you as if you are bit odd, when you hold the cow's tail up and if it drops down at a right angle halfway along it was "tail chuck" where you put a tablespoon of turpentine along its back. Another thing farmers were very fond of in those days, you didn't get the vet very often because "drench" salesmen would come around. *(There was)* a thing called a "red drench" which was given in copious draughts to everything on which the skin was tight and didn't look right - wasn't chewing the cud properly. I remember once, my Uncle had this beast in and he had gone to it and its skin seemed tight. He felt its ears, and its ears wasn't as warm as he thought they ought to be so he decided to give it a red drench. However he had used up all this red drench. I'd had a bit of stomach trouble which plagued me all my life and on advice from the local doctor from time to time I should take a teaspoon of Glaubers Salts. I'd been to Hereford and bought a pound of these salts and was living with my uncle then. He said "Have you got any of those salts, boy?" I said "Yes" and he said "Let me have them" and with that he tipped the salts into a pint and a half of water and drenched the beast. Almost immediately the beast made manure and one of the workmen said "My Gosh, them salts are pretty effective." To which my uncle shouted back "It wouldn't work as fast as that if it was electric."

'Another thing we used to do was to wash sheep in the river, which is forbidden today. And the river would often be white with the stuff that came out of the wool. Another incident I remember: we were in the river washing the sheep; if the sheep is strong it is quite a good swimmer, but if it is a little bit weak it will roll on its back. Therefore, this particular sheep rolled on its back and everybody said "Look the poor thing is drowning. Somebody save it" and I got in the river and pulled it out. So one of the lads working with us who was about sixteen, said to my uncle "Wasn't John brave to pull the sheep out when it was drowning?" To which my uncle rejoined "Brave be blowed, those that are born to a hangdog drown." That was my reward for jumping in the river to get a sheep that had rolled on its back. So next time, jump in yourself.

'We see Health and Safety today which certainly would not have done in the days when we had the threshing machines; and this threshing machine was not very well maintained, but my uncle wanted to have the corn in this barn threshed. A sort of cousin of mine who usually did his threshing had already been booked up to thresh for someone else, so we got a threshing machine which wasn't well maintained, and we were threshing the corn and there came a banging noise. The lad jumped off and there was one almighty crash, and this piece of metal, about eighteen inches, shot over his head and rammed itself in the doors of a stone barn at the other end of the driving way. The machine threw the belt off. They stopped the machine and using an iron bar, they prised the rest of the beater bar off, put the belt back on and went on threshing.

The old Ford tractors – 'There was no cab and there was iron wheels on the front, and from time to time the seat would break off them and so you kept hold of the steering wheel with both hands. The gear lever would break off. If you had damp weather, and you hadn't put bags over the engine the night before, it wouldn't start. It would fire once or twice, but that was the end of it. It wouldn't start. It would get in reverse and wouldn't come out or it wouldn't get into any gear at all but reverse. And there were no really effective brakes. The brakes were sort of wet brakes working on the gear box which was not effective at all. It would stop with the front wheels going down, but if the back wheels were the first going down the bank, it would not stop it (*at*) all. We became wary of it. I refused to drive one once because it was expected to pull a threshing machine up a bank with a winch, but the rope wasn't long enough to pull it to the top. We had to pull a double pull - pull half up the bank, and the winch go on up and pull again, so I refused to drive it, with the threat of instant dismissal. A minute's notice, which you could get for all manner of things. In the end the War Agriculture Executive pulled it up with a Caterpillar.

'On the matter of the minute's notice, the things that one could get the minute's notice for! "Go to the house and get your cards." If you were hauling muck and you put it in "cups" and if you are not careful - the old waggoner and people who were used to using them, always took a down fork with them because if you tipped up the cart on the peg to give it a slope, all the muck shot out at once, and you went back to the house, and he said "My goodness boy, you've been quick" and if you said " Well yes, it all went out in one heap." He would then shout "You haven't made a Bishop have you? You come to the house and get your cards."

'The other thing that would get you instant dismissal was milking the cow from the wrong side. The right side is looking at the cow from behind; you always milked her on the left hand side looking from behind. Otherwise you would get instant dismissal. These were the kind of things. But of course, you knew what was going to come off, so you did not go and do it.'

BERIS WILLIAMS (Rowlestone)
Beris was born in 1933 at Court Farm, Rowlestone, and farmed there until his retirement. Like some others in the area, Beris's family had moved down from mid Wales.

'My father came in 1932 from Upper Chapel which is between Brecon and Builth Wells, and he came here by default. My grandfather was desperate to get away from a farm where it always rained and they rarely made a bit of good hay. They saw this advertisement and they came down in a Model A Ford and met Mr Harry Williams (*the owner of Cole and Williams's shop in Ewyas Harold).* My grandfather was desperate to come so he took this farm on a rent and they signed there and then. When grandfather got home granny was not going to move ... and so father and mother moved here. It was sold over my father's head in the 1930s to Mr Sayce, Elmer's father.' *Later they were able to buy it and the family still farms there.*

Beris's comments are a reminder of the great attachment farmers had for their horses. They never felt quite the same about a tractor, even though a tractor could do far more work, and didn't consume valuable food.

'It was a pretty traditional farm. It was a job to make enough hay, and you had to chop your straw up for the horses, because he had about four carthorses. We had one called Lester. She was magic. The old chap, he'd never sell her. We only had old Lester left by the end and she only did a bit of light work, hauling in the winter because the tractor wouldn't move on the fields because it was so wet. I remember her turning round in the mud once and falling over, and there was an enormous job getting her out of the shafts and getting her upright. I think we gave up using her at all after that. She had to die on the farm and she did eventually.'

In 1941 they bought a second-hand tractor which was sold to Mr Price, Ty Canol, when a new Fordson arrived from E A Wilde and Sons. 'I've still got that tractor, but the engine has seized up.' *In those days tractors were still primitive. Starting was with a potentially wrist-breaking handle and it wasn't easy to get the machine to fire. Tractor drivers learnt tricks to make things easier.*

'The best way was to connect a shirt button between the top of the plug and the high-tension lead; that made a little jump and it strengthened the spark.' *On the steep ground that is common in the area, tractors could be very dangerous for there were no roll bars or safety cabs then. There were many fatalities in Britain. Farming, trawling, and mining were our most dangerous industries. In this respect one of the family's workers could count himself lucky.* 'Most of our banks were sufficient to give a little slide now and again. We had a student once who went off on a Sunday morning, and presently he came back and I said "Where's the tractor?' and he said "Half way up a tree." He went down a bank and the tree was growing at an angle and the front axle went right up. We had no chain saw then, so we had to get under this tractor and cut the tree down by hand with an axe.'

Not a great deal of corn was grown in the area: 'It was just a bit of self-sufficiency really. Everybody had a couple of fields, especially oats. There wasn't much wheat grown. We used to grow a bit of barley and grind that with a hammer mill, one of the lease lend hammer mills. I remember our corn drill coming from Canada on this lease-lend. You cut the corn with a binder. It tied it up with a mechanical knotter. You put it into stooks, mostly six, and hoped there wasn't too many thistles. Of course the big sport in those days was when anyone was cutting a field of corn, the local boys came from miles because all the rabbits went in the middle, and if there was a lot about there was some sort of running and shouting and diving on rabbits 'cos they went and hid under sheaves. Then (*the sheaves)* were put on a wagon in a special way with all the heads in the middle. In the wintertime along came the (*threshing drum).* It probably made an earlier visit for you to have some seed to plant that autumn. Then they came back to do the main thing. There was a chap off Ewyas Harold Common, called Ivor Williams, who used to run this thing. I can only just remember steam. Later on ... Mr James had an Allis-Chalmers; that thing was like a Rolls-Royce compared with anything else we had. I was sixteen by the time I really got into that, and I had to carry these two hundredweight (100 kg) sacks. I was fairly strong then. We had to carry them up the granary steps, thirteen steps, I counted them. It was always cold weather and there was always a wind and if you were on the wrong side of the barn you had it blowing in your eyes and your face. It was miserable. Threshing usually entailed killing a lamb because there were usually about a dozen to feed.' *The memory of the sound a threshing drum made remained with him, and many years later while on holiday in Italy he woke to a sound he recognised immediately.*

After the corn was threshed some of it had to be winnowed for seed: 'We only ever winnowed the seed we used. John Price next door had an old winnower that had been bitten with a few holes by the rats. We used this up until not so long ago, just to winnow a bit of our seed. Turn the handle by hand, and it shook it all through and blew the bits out. We'd only do half a ton or so with that.'

The arrival of the combine harvester was a blessing, though the dust created by the early cabless ones carried a health risk: 'The combine harvester could do about seven operations at once, and it transformed things. It was a huge thing to have a cab on a combine. It was a wonder we didn't all catch something as bad as any miner. A neighbour down the road died of Farmer's Lung. He was only fifty something. That was mostly mould, mouldy hay. Luckily we went into silage early on. It used to get white sometimes, the hay. Corn could get like it. I can remember putting some on the lorry once. You couldn't see across the other side of the shed when you were trying to shovel it up. It was awful.'

*Hay making ' ... wa*s always a struggle. The crops were much lighter. We were all organic in those days. You didn't buy hardly any fertiliser. It wasn't until we started buying fertiliser that we had a decent crop, actually. You could see the fingers of the old mowing machine through the grass as it went along, and that's something you wouldn't see nowadays. It didn't take much making. It was usually left until July time when it made a bit quicker, cos it had got older. It was never quite enough.'

In summer water shortages caused problems: 'We hadn't got water in Rowlestone for the summer time. We could only keep about 35 cows at the most. I've spent many a day hauling water in milk churns from down the brook, especially in August when it got really dry. Rowlestone is a very dry part. We've drilled down twice over 115 metres and haven't found any water.'

Milking: 'Somebody came around in 1939 and said "Would you like to sell milk? We're collecting some up the road". All we'd got were suckler cows and the calves sucked the one side, and Mum and Dad milked the other side, and that's how they started off. I think the first milk cheque I've got was for fifteen pounds, and mother said "We're going to be rich". Things progressed on quietly. We were always stuck with this water business, and couldn't keep enough cows. We had a cow house for eighteen, and we used to keep about thirty-five, so we had to keep some out during the winter, which wasn't very good. In 1948 we had a bucket plant put in, and it wasn't until the 1960s that we had a milking parlour, the first-herring bone. They used to send students from Usk College to see it. It was a lot better, but you didn't have the contact with the cows tying them up. It used to take as long tying them up and letting them go, as milking when we had them tied by the neck in the cowshed.'

Milk cooling was a slow business and not that effective. 'You had the milk in a bucket and you carried it and put it over an old surface cooler.' *The churns, which weighed around a hundredweight, were put into a barrow and taken to the collection point at the bottom of the drive, and lifted onto the milk stand, as was usual everywhere. This was another of the very heavy farm jobs. In summer, especially in thundery weather, there was always the risk that the milk would go off, and there would be no income that day, though the farm pigs would have a happy time with the sour milk! The 1947 winter caused problems.* 'In 1947 the lorry couldn't get round for some time. One day we'd got it all saved up, it was mostly frozen. We put on sixty gallons, and that was several days' combined.' *Eventually mains water came, and they were able to increase the herd size to around one hundred and fifty. This meant buying a large bulk tank for storage. At the present time the farm is diversifying into ice cream production. Over much of our area dairy herds have disappeared during recent years, becoming as rare a sight as Hereford cattle.*

Pig killing: 'This was always done by a chap called Arthur Davies. He also did castration of calves with a red-hot iron and no anaesthetic. You put straw over the pig. We used to burn the hairs off right by a barn full of hay - a wonder we never had a fire. Then you'd have to scrape him off with knives. After the pig had been killed you took him round the corner and you used to hang him up to open him up. Once you'd got his innards out and spread him with some sticks, you'd hang him up in the old back kitchen for several days before cutting him up.'

Cider Making: 'You took the apples down to the mill at Rowlestone when I was a kid. We always used to take them down on a horse and cart. I tasted it coming out of the hairs and it was beautiful. *(By)* the time of year when you were going to drink it, it was that nasty! By about June time it took some drinking. It had a wild yeast. Nobody ever put proper yeast in. They never cleaned the barrels out. *(Now)* It all has to be clinical, more or less, making a cask of cider. There used to be a chap called Les Brown who did the GWR lorry delivering cake. He always wanted a jug of cider instead of a tip, and he'd drink this. I don't know how he drank it. It was rough in some style.'

Beris did National Service, and found that life without milking wasn't too bad. He paid other men to do his duties. He was able to cover this expense by visiting Abergavenny Market:

'I came home and caught rabbits to make some money. I caught three pounds worth of rabbits and gave the blokes ten shillings for doing my shifts. My father took them to "Fishy" Gardiner in King Street *(Hereford)* or I took them. There was a bus from Rowlestone to Abergavenny every Tuesday. I used to try not to get done by these street traders because they used to have ready-reckoners in those days. He'd come up and say "How many rabbits have you got? 3/6d *(17p)* a piece. Oh that's come to so much." I was a bit suspicious of this, and on the way there I'd worked out how much the rabbits were going to come to, and blow me he tried to do me. I said "Hang on a minute, how much are you giving me?" and I said " Well that's not right." So he lost out that day, and I was pretty careful afterwards. In the very early days there was Ewyas Harold market, down near the Temple Bar. We used to drive animals down the hill road. If anybody enjoyed it, it was the dog. Father would say "Come on. Go round the sheep" and the dog would slink off. So the old man would put his best cap on and the dog he'd jump five feet in the air. He thought he was going to Ewyas Harold market. I remember old Bill Price, the Cwm ... he'd come round and buy the lambs at home. Some people sold the lot to him.'

Workers: 'We always had two. Both lived in. They were looking for a home these chaps. They were all single. My mother had quite a lot of work, without any running water, or a bathroom, no conveniences, no electricity, nothing. Every farm was the same in those days. They wouldn't put up with it these days.'

DIBLE GWILLIAM *(St Margarets)*

Dible was born at the Tan House, Newton St Margarets. His father bought the farm in 1921. It was 147 acres and cost £3,000. He had three brothers. In 1955 Dible married and moved to Shobdon Farm, where he stayed for thirty-five years. He concentrated on livestock rearing. It was not an easy life.

'No money in farming then. Country didn't want farmers until they got short of food in the war. The government is the same now.'

Dible kept sheep: 'Cluns in the start and then the Suffolks came in, because they were heavier and meatier...some crossbreds. You weren't fussy really, as long as you had some. We lambed inside in the last few years. We put many new buildings up; that would be in the fifties I suppose. Before that they were out all the time. I was up most all the night most nights when we used to lamb them in. We had a three-bay barn, and I used to lie up on the hay all night, right up on the top, and see to the ewes as they lambed ... up and down.'

Although Dible did not have mountain rights, and was not involved in communal round-ups, there was still a lot of co-operation between local farmers at times like washing and selling. 'We used to take the sheep down a place called New House at Newton for washing, about one and a half miles from the house I suppose. That was an all day job, very near. Neighbours used to bring their flocks and we'd have a day washing sheep ... half-a-dozen or perhaps eight or ten people's sheep.' *The purpose of washing was to get the grease out of the wool to make shearing easier. Dible said that the practice has died out now.*

Dible and his late brother travelled around shearing: 'my younger brother, the last to die, we shore hundreds of sheep for four shillings a score for different farms. Our people weren't very well off. We had to get out to work; there wasn't any other way to it. In the start, we had a hand shearer. I'd shear one and my brother would wind, and I'd shear one and then he'd shear one. After a little while we had an engine with two heads on and then we'd both shear. The Wool Board used to have the wool. It was a very good income at one time. The shearing was a good effort then. It didn't cost much to shear then and the wool was a lot of money. It's no good now'

Sales: 'I used to rear 170-180 lambs each year and I used to grade the best to 130-140 and sell them as a bunch. A chappie at Orcop used to buy them for years.' *Ewyas Harold Market was another sales point.* 'We drove the sheep for the market at Ewyas

Harold, where the grading was on then, and fat cattle. We 'd start from St Margarets and collect others ... Park Farm next door; Mr Jordan had a little place, and he'd have lambs to go ... a couple of hundred sheep altogether, and you'd drive them down to the market, and they'd be graded then. There'd be different butchers buying them.'

Vermin were a problem for sheep farmers: They had 'lots of woods, lots of foxes. A ewe would have two lambs, you'd put her out at night. She'd only have one in the morning.' *Crows were a menace.* 'I had a ewe. They used to get down occasionally on their backs. Carrion crows pecked both her eyes out. She was a big, strong ewe and I put her in the cot and I watered and fed her. She had two lambs and she reared them. I took her to Hereford and sold her. It would not be allowed now.'

Cattle: 'I used to feed a lot of cattle at one time, crosses. Time was you could buy a Hereford heifer at forty pounds and feed 'em and you'd have a hundred pounds for them. You see the feeding stuffs weren't so dear then. You could buy the cattle cheap, and you could buy the feed cheap. Hay and District Farmers *(delivered)* every week. It was a good wicket.' *He kept suckling cows:* 'I had thirty-two cows of my own once, all with calves.'

Animals got sick, and many farmers resorted to drenches: Dible wasn't a great believer in them. Sometimes he bought stuff from the supplier, Osmonds. 'You used to buy this brown powder which you mixed up with water. You used to put it down the cows. Didn't do a bit of good.'

Haymaking: 'We used to make a lot of hay.' *Mice were a problem when mowing with the old trailing finger mowers.* 'Mouses' nests. They wouldn't take a mouse's nest. You would have to stop and clean it off. Then after you'd mowed it, and there were good summers then, plenty of sunshine, you had to turn it by hand with a hand rake, and then pitch it up onto a gambo (*a two wheeled cart).* Father had a gambo and cart made in Dorstone by Ephraim Pikes about 1921-1922. He was a carpenter and undertaker and what have you. You loaded it up, hauled it and unloaded it by hand. The ricks warmed up but you didn't put it as it would heat too much. You'd got to make it enough to stop it heating. You cut it out with a cutting knife in winter. (*It was)* well into the forties before we had a baler, 1946 or 1947. Five thousand bales we used to make of hay. Pitch them all by hand. My father used to mow (*load)* them and I used to pitch them, and unload them. He used to mow (*stack)* them.' *This is another reminder of just how hard farm work was. Each man would have lifted around two hundred tons in the process. Later there were devices like bale sledges, tractor loaders (Perry loaders) and bale elevators which made life easier. Dible used the local word "pike" for "pitchfork."*

They grew a little corn, swedes, and mangolds for the animals. Dible worked the land with horses in his younger days. They had two teams of horses: 'We used to plough with one in the morning and you'd plough with the second team in the afternoon. Always breaking colts in, getting them used to shafts and that sort of thing. Used to get them to lead to start, which was quite a problem, handle them and get them to accept you. Then you used to put the gears on them and hook them to the harrows to start them off. Then when they were tired, you would take them home and put them in the cart then when they were quiet. Used to break a lot of horses and ponies and sell them on. I've ridden a pony to Abergavenny Fair to sell her. I've led a horse to Hereford to the market there to sell her.' *Shoeing was done locally, and Mr Lane in Longtown, a saddler, used to repair and re-line things like collars. They used to buy other equipment from an agricultural merchant. Dible did not go in for horse brasses.* 'We never bothered much with horse brasses and show, didn't go for that a lot - never worked that out. *(We were)* trying to get a living.' *The war speeded up the disappearance of the horse. They had their first tractor* 'towards the end of the second year of the war, I would think. We were one of the first to have a tractor round there, a Fordson from Ravenhill's of Hereford, and he cost two hundred and eight pounds. One of the first to come out on rubbers. I ploughed a lot of land for neighbours at the start of the War when we had the tractor. I ploughed over as far as Longtown. We used to do a lot of work for the Traffords at Michaelchurch Court.' *Dible mentioned that some farmers would not take horses out on Good Friday.*

Corn: 'There used to be granaries in the houses. The Park Farm next to us ... the granary was in the house there. I've carried sacks of corn up there and tipped them when threshing. The quicker you were the less you had in 'em. If you left them too long they got very heavy. We used to thresh around. You'd go to your neighbour and he'd come back to you. That was the big thing. We used to have a steam engine ... up to about 1944 or 1945. You've got to have a day, and you'd move the threshing drum from your neighbour to you. You'd got to haul the coal. If there wasn't enough you'd got to go to Vowchurch station and get a ton of coal out of a truck there. The traction engine man, a bloke named Pritchard from up Urishay, he had a steam engine. The chap that used to drive was Jim Williams. Lionel Williams was feeding.' *(Lionel lived in Ewyas Harold later and had his own engine which he took to shows).*

Pig killing also brought out neighbourly feelings: 'All these farms used to kill three or four pigs for bacon. And when you cut this pig up you'd take your neighbour a griskin or a sparib, and when he killed a pig he'd bring some back.' *(Griskin = piece of loin of pork)*

There was some rough ground in the area, and Dible took on the job of reclaiming it, though he did not get the reward he deserved for the work. 'We took some land off the White House estate, thirty-two acres, wild with rabbits, nearly all rabbits. Caught these rabbits one way or another, shot them, ferreted them, netted them, wired them. There was quite a few trees. This land had been let go. We had to get all this scrub and trees out. We had to dig around these trees and pull them out with a tractor. By the time we'd done all that the estate wanted the land back. I think I was paying thirty eight pounds an acre when I took it, and I offered fifteen or sixteen hundred pounds, but some bloke topped me. He's still around.' *Dible pointed out that everything was done by hand; there were no chain saws then.*

Dible's mother kept chickens and turkeys, and made cakes and butter. Dible was sent to Abergavenny market to sell it. 'As a boy, ten or twelve years old, every week, every Tuesday, I took my basket on my arm around there to regular customers. Butter about a shilling *(5p)* a pound, eggs about six pence *(2p)* a dozen, I think.'

Labourers: 'My father had quite a few different boys and men working for him at different times. There seemed to be more people, always somebody looking for a job. You don't see that now. Father used to say about David Shaw that if he went off in the morning David was the only man who would do the same amount of work as if father was there.' *Dible did not have a very high opinion of the land girls, or of the work done by the gypsies who were around the area at the time.*

BILL LLOYD (Walterstone)

The late Bill Lloyd was born in 1925 at Lodge Farm, Walterstone. After attending Hereford Cathedral school he came home to work, and farmed there until his retirement.

Working Life: 'I worked long hours, as many as father persuaded me to do, getting up around sevenish and working all day until it got dark. We didn't do any milking except for our own use, that was all. We were rearing calves actually. But the thing was there was a lot of work cleaning the old cows out, especially in the winter as we had to keep these cows in. Different to what it is nowadays. We had no electricity - used hurricane lamps. The electricity came around here in 1961 and we had the mains water in 1963. The reason we couldn't have the water was because there was no electricity to do any pumping. We were very pleased to have this electricity but there was awful problems in the start because we had to guarantee so much money per year. I know our quota was forty pounds a year. Father was very irate about it because he thought we would never use that amount of electricity.

'Before then we got our water from an underground storage tank which had been put in by the estate owner. It was rain water. But if we didn't fancy that, we used to carry water to drink in a can from Rose Cottage. So it was hopeless around here for water. Really short of water we were. It was very bad. We had to carry every drop of water we needed, and when we wanted a bath or anything like that, we had a hand pump and had to fill a storage tank. We had a bathroom installed sometime during the War. Before that it was the old tin bath. We had a back boiler to heat the water, but it wasn't very successful and we usually had a cold bath.'

Ewyas Harold Market: 'This was held once a week at the car park of the Temple Bar right by the road. The pens were all along the road, and the weighing scales were there. They had two graders - a Farmer's Grader, and a Butcher's Grader. The Farmer's Grader was Mr. Sid Jenkins from Kentchurch, and there was a Mailes from Hereford for the Ministry. They would grade these lambs saying they were A or B or whatever, and perhaps the graders had a row with one another, but at the end of the day they had to arrive at a figure. We used to walk these lambs from Walterstone, down to Rowlestone Church, turn left and down the hill road, down to the bottom of King Street and into the village that way. Sam Bowen, from Penlan, used to take all these lambs that were sold down to Pontrilas Station with two dogs, to be put on trains to go to maybe Cardiff or Birmingham.

These butchers used to come from all over the place. They were fat lambs.

'There used to be some big arguments between the farmers and the landlord of the pub, Mr.*(Harry)* Williams. This pub was spotlessly clean with stone flags and all that, and of course, every farmer took his dog down to take the sheep. Of course, sheepdogs would never agree. The farmers would go in to have a drink, the dog lies under the table, one starts to growl at the other one, and then there was a big row. Tables were upset, glasses smashed, and to finish up, the old boy banned all dogs from the pub. So you had to tie them up. It was all quite funny really.

'We used to go every week, maybe ten or so at a time. You usually took as many as you could cope with on the way down, running, and hoping for the best. The price varied a bit, but not much. It was more less a fixed price approved for the grade, per lb. It was always done pretty fair, and it was our only outlet. It was a very busy market. There were probably five hundred sheep there and they all went off by train. Sam Bowen had the contract to take all the sheep to the station, and they were put on trains. He used to have some fun getting them to the station, with the dogs and sheep getting into gardens on the way. Big rows with people in the cottages and houses. We mostly had Suffolk Cross sheep with a few Welshies. We never had hill farming status. The Welshies were pretty good mothers and most of the lambs were born outside in those days. The Suffolks I think were the best sellers, with possibly the best meat.'

DAVID JENKINS (*Craswall*)
David was born at Middle Blackhill, Craswall

'On Middle Blackhill farm we had a well from which I carried water till the mains came. The well was about twenty yards from the house. We dug a trench and put the pipes in. We hoped the water would run, but the tank was too high and couldn't be lowered, so we had to put the pump on. That was a big saving on carrying water. It was hard work carrying water because the cattle drank a lot.

'At home we had horses on the farm. I started using the horses when I was about thirteen. Using horses on the farm, if you ploughed an acre a day you were doing well. We grew oats, barley and wheat. Our farm was quite steep and we used the horses for ploughing straight up and down the fields, unless the field was too steep for the horses.

'One farm I worked on grew beans. They weren't very good for feed, but when it came to threshing with a flail, you had to wear goggles. They would shoot up and hit you in the eyes. We used to do it in a barn. We used to knock it all over then turn it and have another bash and shake it out. Then you would winnow it. Two of us worked at it taking it in turns.

'I worked at hedging. We went to Hampshire to hedge. One night we were in the pub and this chap asked what we thought of the hedging. He said it was so good it would stop a baby rabbit. I dug out the roadside ditches to keep them clear. I also worked on a cattle farm. I stopped for only nine weeks as I didn't like the boss or his missus. He'd do the daftest things! On a fine day we would clean the cot out and on a wet day he would say we were going to hedge. He wouldn't take your coat in to dry. The wet coat, it was still hanging in the shed the next morning, so I didn't stop there long.

'This one farmer, he was born and bred in the North. One day he decided to make tripods and that was harder work than bale-hauling. It was easy enough to build them but there was a bottom wire and a middle wire and a little wire. You sat on the bottom one and you put what they called a bench, like that, opened out at that angle, and it took three to build it, and then you'd take them out and if you didn't take them out right the whole lot would fall over. We also dried the corn in stooks in those days. Everyone came to help with harvest. There were plenty of rabbits at that time.

'We took cattle to market at Peterchurch and lambs to market at Ewyas Harold. Meredith Pritchard would take lambs to Abergavenny. Three or four people would help to move the stock along the roads. One would block one road and another would block any gaps along the roadside and that's the way we would go. Market day was a busy day.

'At the Bull's Head in Craswall there used to be a special day called Shepherds' Day. The Bull's Head was very popular with the shepherds. The place would be very busy. They would come to collect their stray sheep but would get too drunk to take them and would have to return the following day to take the sheep home. Some of them came on their ponies. Ponies were kept on the hills and sold on to the mines.

'The Young Farmers was very popular. We entered competitions and won the tug-of-war twice. Joyce Powell (now Mrs Clifton) was never beaten at poultry dressing. She was first class. They put on plays, pantomimes and debates.

'A lot of my friends left the land, but most of them stayed around the neighbourhood. I've worked on the farm all my life.'

CECIL WILLIAMS *(Longtown)*
Cecil was born 1927 at Quarry House. He moved moved to Ruthland in 1948.

'When I got a bit older I went to Abergavenny on market day - a Tuesday. There was a stock market in Ewyas Harold. Then I'd go back down and go back to Sunny Bank *(Llancillo)* or whatever, and I used to help a lot of folks afternoon times, picking apples or whatever. You name it and I was doing it - harvesting or what have you, stacking corn for my older brother. Sometimes I used to take rabbits to Abergavenny and a few eggs and anything that was saleable, every Tuesday. If you wanted to go to Hereford you would have to walk to Ewyas Harold. You could go to Abergavenny and the fare was half a crown return. The bus was very crowded and it used to go through Walterstone, and by the time it got there it was full of rabbits, flowers and eggs. The bus returned about four pm. We never went to Hay but there was a bus from Longtown. We had a busy life.

'Because it was war time I left school in the summertime at the age of thirteen. I worked on the farm doing odd jobs to earn pocket-money, about five shillings a day. There were very few tractors around at this time because we still used horses. It was 1950s when the first tractors appeared. The first ones had iron wheels because there was no rubber, owing to the war. The first tractors were known as spade lugs because they had great big lugs for gripping. One thing I remember, a man came and asked if I could thresh. I was offered ten shillings and dinner if I went to work for him. I thought I was a very rich man. I had all the cider that I could drink. Everybody made cider. We didn't have many holidays.

'In 1948 we branched out on our own at Ruthland and farmed for ourselves. It was a mixed farm - ploughing, arable, growing food for the cattle. Most people round here were working on the land but when tractors came in people had no work on the land, so they left. There was the NFU and an occasional outing. The Young Farmers started in Longtown in the 1940s and they were very well supported. All the hall improvements were due to money raised by the Young Farmers and the Women's Institute. Everybody joined in down at Longtown in those days. The Young Farmers are struggling these days as all the youngsters are moving away.'

His sister, Gwen, lived at the Ruthland too and helped with many of the farm jobs.

ELIZABETH AND JOHN PRICE (*Rowlestone*)
The late John Price began farming at Church Farm in Rowlestone in 1952 and Elizabeth came there in 1964. She was born on a farm in Abbey Dore.

ELIZABETH
Working day as a farmer's wife: 'I didn't help outside much ... I didn't - well I hadn't much time really. I mainly ran the house. We had to have our meals on time so that work on the farm was not held up. We'd have a mid-morning break at ten o'clock when we'd have a cup of tea and some bread and cheese. Then I did a bit of cleaning perhaps. We had dinner at one so that the men weren't kept waiting about. If it was a fine day, you had to be extra particular that you didn't hold them up to get on with the hay or whatever was being done. I took tea out to them in the fields. I did this till fairly recently. I've plenty of flasks in the dairy. I would take cake and sandwiches and a drink, but never cider...they had to be able to work! I didn't make butter or cheese but I wanted to make wine when I first came here - elderberry wine - but after a few years it seemed a lot of work. I made some cider one year just by chopping up some windfalls. I took some up to Mr Kirkpatrick and the smoke came out when I took the top off - I think it was fairly strong.'

Elizabeth mentioned a local dialect word, "Argy" (Welsh: ar gwy), a log put across a stream to keep out a neighbour's cattle.

JOHN
'I first started farming here in 1952 and paid £7500 for the farm. Over the years there have been many changes. As time went on, my brother came here with me and we needed more to do. As the farm was paid for we were looking for something else. We bought

some land at Cefn, Dulas, but there was no house with it, so it still didn't suit us as there were two of us. So we bought one at St Margaret's then. We kept mainly beef and sheep. We grew a few roots and things and corn to feed the stock. My first tractor was a Fordson Major. Before that it was all horses, but that was before I came to Rowlestone. I used Hereford Market, mostly. We took the stock by lorry. There was a train which took the animals from Peterchurch. We also walked the stock down Hill Lane to Ewyas Harold to the market there, but that market didn't last very long. We took the animals to Hereford to be graded. Mainly the auctioneers we used were Russell, Baldwin & Bright, sometimes Chadwicks. There was a pipe from a spring that we used in the yard for water, but we didn't drink that. We carried water from a spring down the road to drink - it was better water.

'I only had beef cattle and sheep. Once we got going it was about fifty cattle until we bought some more land; then it was about a hundred and fifteen. We had about a hundred sheep to start with which went up to about four to five hundred ewes. We used to dip them at a neighbour's until we got our own dip - Mr Farr at Penywyrlod. We used to shear in the yard then, but had professional shearers as we got busier. I never bothered with auctions or shows. My daughter had a pony but we didn't have horses here. We kept a few geese and hens one time, but not a lot. We had a worker to help us on the farm at the start. We had quite a bit of re-claiming land to do at the beginning - gorse and bracken, that kind of thing. Some of the fields were quite steep but I had no accidents, though I was lucky considering some of the risks I took. I wouldn't do it now.'

JOHN MORRIS (Llancillo)

John came to Llancillo Court in 1972, so most of his memories are too recent for the purposes of this project. Llancillo is a very small community of around twenty people. There are seven farms. It doesn't have a shop, school, or pub and the Anglican church closed recently.

John had some interesting things to say about his family's lengthy connection with the farm. 'My grandfather's grandfather moved here in 1851'. *It was on the Pontrilas estate in the early twentieth century, but that was sold in 1919.* 'Grandfather went to the sale in 1919 and bought this farm at auction. But it was a struggle. He hadn't got the money. He had to take out a mortgage, and the 1920s were hard times, and he couldn't make it go much, and when Mr Wheatley, the Town Clerk of Cardiff, bought several of the adjoining properties up like Arcadia, The Pool, The Lodge, Goytre and The Hall and all around it more or less, *(he)* gave my grandfather the option to sell this property to him and go on being the tenant in it. So he did that. Mr Wheatley owned it through most of the 1920s and I suppose about 1928 he became disillusioned with it and put it all up for auction again, and so my grandfather bought it back again and immediately sold all the ripe timber off it and managed to get his mortgage down low enough to manage it after. My grandfather retired in about 1948 and put a tenant in here then. One day when we were having tea, the telephone rang and it was Mr Beavan, the tenant, and he'd been to Hereford that day and bought a property and was giving up the tenancy.'

At the time John's father was a tenant farmer on the Llanover estate near Raglan. 'We decided we'd come and farm this. My grandfather had been dead for twelve years by then.' *When his father retired, John took over. He was then in his late twenties.*

Llancillo Court: 'It was a similar size farm to what I'd been helping my father with for thirteen years since I left school. When I was thirteen I had a day off school a week and went to Usk Agricultural College on day release for two terms. We didn't do milk here which was the only difference. Beef and sheep that is what we've always done here. It's more or less a grassland farm, not a lot of arable land on it. We were dealing more with Hereford, Hereford-Friesian cows, put back to a Hereford bull. We've since changed to a continental bull, our own bull. We've got more sheep than we had then; numbers have gone up and up and up over the years. Drought affects us quite badly here because we are farming quite a lot on steep land facing the sun. It burns quite easily in a hot dry summer.

'I take my fat lambs to Abergavenny. Up until now I've been

fattening my cattle and taking them to Williams and Watkins at Ross. I very seldom go to Hereford, because, I suppose, when we lived at Raglan we always marketed in Abergavenny, and we went on doing the same. When we moved here we were nearer to Abergavenny than we used to be when we lived at Raglan.' *John uses other facilities provided by the Monmouthshire town, including doctors and vets.*

Some local farmers, especially those with a Nonconformist background, would not work on Sundays. John's father did, as he had rent to pay. 'We'd got an old weatherglass and my father used to tap that as he went by. He always reckoned where it had got to be to cut hay. If it was below that he didn't cut hay. It didn't really matter that it was Sunday. He didn't set out to do a lot on Sundays perhaps, other than the basic jobs, but if the weather was right he'd go on and make the hay. He didn't wait until Monday morning to make a start if it was right on Sunday.' *They had to get on for in a poor season haymaking could take weeks. Modern silage equipment does the job in days.*

When asked if he would be a farmer again, John said

'Oh, yes. I've enjoyed being a farmer. It's a way of life, isn't it?'

* * * * * *